Le Pakistan, islam et modernité

Points sur l'Asie
Collection dirigée par Philippe Delalande

Dernières parutions

Vincent GREBY, *Le nouveau Népal. Le pari d'une utopie*, 2010.
Raoul Marc JENNAR, *Trente ans depuis Pol Pot. Le Cambodge de 1979 à 2009*, 2010.
Thierry GUTHMANN, *Shintô et politique dans le Japon contemporain*, 2010.
Raphaël GUTMANN, *Entre castes et classes. Les communistes indiens face à la politisation des basses castes*, 2010.
Changxing ZHAO, *L'enseignement non gouvernemental en Chine*, 2009.
Lionel BAIXAS, Lucie DEJOUHANET, Pierre-Yves TROUILLET, *Conflit et rapports sociaux en Asie du Sud*, 2009.
Maja A. NAZARUK, *La prostitution en Asie du Sud-Est*, 2009.
Anne BUISSON, *Alphabétisation et éducation en Inde*, 2009.
Jean-Pierre CABESTAN et Tanguy LE PESANT, *L'esprit de défense de Taiwan face à la Chine*, 2009.
Chloé SZULZINGER, *Les Femmes dans l'immigration vietnamienne en France de 1950 à nos jours*, 2009.
Marc DELPLANQUE, *Le Japon résigné*, 2009.
Alain LAMBALLE, *L'eau en Asie du Sud : confrontation ou coopération ?*, 2009.
Stephen DUSO-BAUDUIN, *Sociostratégie de la Chine : dragon, panda ou qilin ?*, 2009.
Michel POUSSE, *L'Inde et le monde contemporain, histoire des relations internationales de 1947 à nos jours*, 2009.
Claude HELPER, *Corée : réunification, mission impossible ? Quid de l'après Kim-Jong-il ?,* 2008.
Chi-Fan LIN, *Le Tourisme des Chinois taiwanais en France*, 2008.
Jacques DUPOUEY, *Passeport pour le Japon des Affaires*, 2008.
Agnès ANDRESY, *Le Président chinois HU Jintao, sa politique et ses réseaux. Who's Hu ?*, 2008.
Christine LE BONTE, *Le Cambodge contemporain. Quelles perspectives de développement compte tenu de la situation politique et économique actuelle ?*, 2007.
Philippe DELALANDE, *Vietnam, dragon en puissance. Facteurs politiques, économiques, sociaux*, 2007.
Esmeralda LLADSER, *Instantanés chinois, dans le nid du dragon*, 2007.

Carla Di Martino

Le Pakistan, islam et modernité

Le projet de Benazir Bhutto

Préface de Fouad Nohra

Du même auteur

Ratio Particularis. Doctrines des sens internes d'Avicenne à Thomas d'Aquin, Paris, VRIN 2008

© L'Harmattan, 2010
5-7, rue de l'Ecole-Polytechnique, 75005 Paris

http://www.librairieharmattan.com
diffusion.harmattan@wanadoo.fr
harmattan1@wanadoo.fr

ISBN : 978-2-296-12852-1
EAN : 9782296128521

Vous êtes libres
Libres d'aller à vos temples
Libres d'aller à tout autre lieu de culte
Dans ce pays du Pakistan
Vous pouvez appartenir à toute religion ou caste ou foi
Cela n'a rien à voir avec les affaires de l'État
Nous démarrons avec ce principe fondamental
Nous sommes tous des citoyens
Citoyens à égalité d'un seul État
Je pense que nous devrions faire de cela notre idéal
Et avec le temps
L'Hindou ne sera plus un Hindou ni le Musulman un Musulman
Et je ne parle pas de religion
Car cela est la foi personnelle de chaque individu
Je parle de politique
Nous sommes tous citoyens de cet État

Muhammad Ali Jinnah
Père et premier Président du Pakistan
Discours à l'Assemblée Constituante, 11 août 1947

La Démocratie a besoin d'aide

L'aide le plus efficace pour la Démocratie
Ne peut venir que des autres Démocraties

Benazir Bhutto, Septembre 2007

REMERCIEMENTS

Mon plus grand merci va à Martin Beilby qui n'a cessé, ces derniers mois, de discuter avec moi de l'Islam, du Pakistan et de Benazir. Annamaria Barbieri ma mère et mon amie Germana Schiassi m'ont écoutée, encouragée, supportée... Leurs questions et remarques, ainsi que leur franchise, m'ont été très précieuses.

Anne De Crémoux a patiemment relu la première rédaction de cet essai, Marie-Violaine Thibault la dernière. Valentina Faccioli, du IERF de Paris, m'a aidée à obtenir les financements pour effectuer des recherches bibliographiques en Angleterre et m'a encouragée dans ma 'conversion' de la philosophie à la géopolitique.

Cette œuvre est en grande partie le remaniement d'une thèse soutenue en avril 2009 au Centre d'études Diplomatiques et Stratégiques de Paris, où j'ai aussi la chance d'enseigner. Je remercie tout le personnel du CEDS pour le dialogue privilégié avec eux depuis trois ans, les auditeurs pour leurs questions qui m'ont poussée à chaque fois vers une plus grande clarté d'exposition et de pensée, et surtout le professeur Fouad Nohra pour son aide scientifique irremplaçable et sa disponibilité constante et amicale.

PRÉFACE

LA PENSÉE DES BHUTTO : ABOUTISSEMENT D'UN VASTE PROJET HISTORIQUE

Auprès d'une majeure partie de l'opinion publique, l'image du Pakistan est associée aux « Medressas » radicales, aux Talibans de la zone Tribale du Waziristan, aux tueries interreligieuses consécutives à l'indépendance, à la violence des attentats, mais aussi, aux « djihadistes » du Jamu et Cachemire. C'est oublier l'autre versant du décor : celui d'un Pakistan avide de modernité et de dialogue ; or, c'est ce Pakistan-là qui semble avoir eu la faveur des électeurs, à plusieurs reprises, dont les deux dernières échéances ne sont autres que la victoire du Parti du Peuple Pakistanais, aux élections législatives de 2008, et celle d'Asif Zardari, aux dernières élections présidentielles, à la majorité absolue des 702 « grands électeurs ». Certes, l'opposition conservatrice avait, à son tour, emporté nombre de victoires électorales, dont la plus éclatante est celle de 1997, avec le retour triomphal de la Ligue Musulmane. C'est dire combien le sort d'une société demeure indéterminé, au gré des rapports de forces politiques. Le mouvement de balancier entre modernistes et traditionalistes n'a pas cessé de fonctionner depuis l'indépendance. Certes, le Pakistan est né d'une séparation violente entre musulmans et hindous, au moment de l'indépendance, et le projet d'un État distinct pour les musulmans était défendu par Ali Jinnah. Mais, il est possible d'établir, à l'encontre des discours nationalistes les plus manifestes, que la véritable naissance du Pakistan est davantage le produit de l'escalade d'une violence interreligieuse imprévisible, incontrôlée, consécutive au retrait britannique, que d'une volonté des leaders musulmans de se doter d'un État distinct.

Le « Pays des purs » pouvait compter, dans ses rangs, des intellectuels éclairés qui, tel Muhammad Iqbal, étaient rompus à la philosophie moderne et capables de faire la synthèse de la psychanalyse, de la philosophie post-moderne et du monothéisme musulman[1]. De même, le pays a connu, à plusieurs reprises, l'expérience de modernisation, à l'initiative du Parti du Peuple Pakistanais d'Ali Bhutto.

En rupture avec la tradition journalistique la mieux connue et avec les écrits de nombreux « spécialistes en stratégie internationale », Carla Di Martino, docteur en philosophie et en sciences religieuses, rompue au principe du dialogue des religions, dotée d'une capacité exceptionnelle à manipuler les concepts de la philosophie islamique médiévale, tente de présenter cet autre visage du « pays des purs », pour montrer également qu'il s'agit du « pays des éclairés ».

Réalisée dans le cadre d'un mémoire de recherche académique d'une grande qualité, pour être, ensuite, rédigée sous la forme du présent ouvrage, l'étude de la pensée politique de Benazir Bhutto a une portée à la fois politique et éthique, régionale et internationale.

Le message politique est celui d'un autre projet de société, d'une autre version de l'Islam politique, celle qui met en évidence toute sa compatibilité avec les principes de l'organisation politique démocratique. Ce faisant, elle ne se situe pas en rupture avec les grands courants de la pensée islamique, et n'est pas cette exception qui confirme une règle introuvable. Ses propositions ne font que prolonger les thèses d'al-Kawâkibi[2] et d'al-Tûnisi[3], deux penseurs musulmans de la Renaissance arabe du 19éme siècle, qui s'évertuaient à établir que l'organisation originale d'une société politique islamique n'est autre que celle fondée sur le principe de délibération ou « Shûra ». La désignation du Calife, l'élaboration

---

[1] Muhammad Iqbal : *Reconstruire la pensée religieuse de l'Islam,* traduit de l'anglais par Eva de Vitray Meyerovitch, Paris, Ed du Rocher, Ed. de l'UNESCO, 1996.

[2] 'Abdul-Rahman al-Kawâkibi :□abā°i'al-istibdād wa-ma□āri' al-isti'bād, (Les caractéristiques du despotisme et les gouffre de l'asservissement) Le Caire, Dār al-šurūq, 2005.

[3] Khair al-Dîn al-Tûnisi : *Aqwam al-Masâlik fî Ma'rifat Ahwâl al-Mamâlik* (La plus juste voie dans la connaissance de l'état des royaumes), Tunis, al-Ma□ma' al-Tūnisī lil-Ulūm wa-al-Ādāb wa-al-Funūn, Bayt al-□ikma□, 2000.

des règles, la prise de décision, se doivent d'être le produit d'une délibération au sein même de la communauté. Cette interprétation puise son essence dans le texte coranique (verset 38, sourate de la Délibération). C'est à l'effort d'interprétation d'al-Tûnisi que l'on doit d'établir la correspondance entre ce principe et les formes de démocratie représentative moderne.

Il en est de même, en ce qui concerne la place de la femme, au sein de la société. L'obscurantisme Taliban ne manque pas d'effort, afin de se réclamer d'une certaine tradition islamique extrapolée, pervertie. La dissimulation de la femme de la société civile est le produit d'une extrapolation névrotique à partir d'une interprétation abusive d'Abû Hanifa, contestée par les intellectuels « islamistes »[4] eux-mêmes, dont Muhammad al-Ghazâli[5]. Que dit cette interprétation : extrapolant le moment où le Prophète de l'Islam apostropha l'un de ses visiteurs au regard lubrique posé sur l'une des épouses, il répondit « qu'il aurait été préférable que vous n'ayez les moyens de regarder, en ce moment ». L'extrapolation de docteurs à une phase bien ultérieure de repli intellectuel et religieux, est allée jusqu'à suggérer la dissimulation de la femme en période de décadence. Voici donc la source, bien faible, d'une pratique régressive[6]. C'est oublier que, dans la première société islamique, la femme était, non seulement partie prenante de la société civile, du commerce, mais aussi qu'elle pouvait conduire des guerres, aux côtés du genre masculin. C'est également omettre le fait que le texte coranique lui accorde une égalité ontologique avec l'homme, les mêmes types de droits et lui impose les mêmes interdits. Les inégalités circonstanciées (dans la répartition de

---

[4] Le terme « islamiste » est inexact et inopérant du point de vue de l'analyse scientifique, mais il résulte de projections let jeux de miroir iées au champ de la pratique politique contemporaine. Il désigne, en fait, ceux qui, aux lendemains de la crise des projets de modernisation et de transition « socialiste », dans le monde arabe, ont prétendu être les seuls à représenter l'islam politique authentique. Cette fausse prétention a fait l'objet d'un jeu de miroir auquel se sont prêtés, tant les autres acteurs politiques, pourtant islamiques, ainsi que la presse européenne et les discours « politologiques ».

[5] Muhammad al-Ghazâli : *Fiqh al-Sîra,* (L'interprétation de la vie et de l'œuvre du Prophète), Le Caire, Dar al-Da'wa.

[6] En guise de démystification du « voile islamique », Cf. Leila Babes : « Le voile comme doxa, sexe, communauté, escathologie », in *Melanges de Sciences Religieuses,* Institut Catholique de Lille, 2002.

l'héritage, le poids des témoins etc.) n'y sont qu'une adaptation, révisable et révisée par certains courants, du principe d'égalité à une réalité historique donnée, celle qui, à l'ère préislamique, niait à la femme, tous les droits de la personne, y compris celui à l'héritage. De même, l'autorisation, circonstanciée, conditionnée, de la polygamie, n'était qu'une adaptation du principe monogamique, confirmé par le verset 129 de la même Sourate (des Femmes) qui évoque les conditions restrictives de la polygamie, pour recommander aux croyants de s'en détourner.

A la Renaissance, la pensée islamique ne manque point de défenseurs des droits de la femme. Il n'est qu'à se référer au pionnier de cet éveil philosophique, Rifâ'at Râfi' al-Tahtawi qui s'exprimait, dés les débuts du dix-neuvième siècle, en ces termes :

«La femme peut s'adonner à tout travail qu'elle est capable de faire, ce qui la détournerait de l'oisiveté. Oisive, elle s'adonne aux propos vaniteux, ainsi qu'au commérage, et son cœur s'emplit de passions malsaines. Le travail protège la femme de ce qui n'est pas digne d'elle et la rend plus vertueuse. Les mains libres se précipitent vers le mal, et le cœur vide, vers la faute.» [7]

De même, la thématique de la libération de la femme est reprise par Qâsim Amîn, dés la seconde moitié du dix-neuvième siècle, à l'encontre d'une tradition arabe devenue stérile, au nom des principes originels de l'Islam[8]. C'est l'opposition entre religion et tradition sociale qui représente le leitmotiv de son argumentation.

C'est dans la droite ligne d'une production intellectuelle riche, évolutive, que se situent les propos de la première femme à avoir été, en 1988, chef de gouvernement d'un pays musulman, sachant qu'en 2008, l'Assemblée Nationale Pakistanaise compte 60 femmes et une présidente (Fehmida Mirza).

L'originalité politique des Bhutto, celle qui explique l'enracinement du Parti du Peuple, réside davantage dans son réformisme social, voire, même, dans son orientation « socialiste ». En témoignent, les multiples nationalisations des années soixante-

---

[7] Rifâ'at al-Tahtâwi : *al-Murshid al-Amîn li al-Banât wa al-Banîn* (Le juste guide des filles et des garçons), p. 66.

[8] Qâsim Amin : *Tahrîr al-Mar'a* (La libération de la femme), Le Caire, Maktabat al-Âdâb, 2003.

dix, les réformes du droit du travail et du droit syndical et la redistribution de vastes terres aux paysans déshérités.

Quant aux échecs connus par le Parti du Peuple, ils ne peuvent être imputés à la seule résurgence d'un islam conservateur. La liste des revers politiques est fournie, et il serait malhonnête de ne pas le reconnaître : échec des réformes économiques, sécession du Pakistan Oriental, démocratisation inachevée etc. La critique récurrente formulée à l'encontre du Parti du Peuple est celle de sa gestion autoritaire et de la mainmise familiale des Bhutto.

Il reste que le Parti du Peuple Pakistanais incarne, dés sa création, en 1967, l'orientation « progressiste » qui, à cette période, traverse l'ensemble du Moyen-Orient. Deux ans plus, tard, en 1969, la totalité des pays arabes les plus peuplés bascule vers le « socialisme » et la nouvelle élite politique force la main aux religieux afin que ceux nommés et contrôlés par l'État déclarent la totale compatibilité de l'Islam et du socialisme, au nom du principe de justice sociale.

L'affrontement entre musulmans progressistes, ralliés à une certaine vision du progrès et de la réforme/révolution sociale, et musulmans conservateurs a déjà commencé. C'est peu dire que la pensée politique des Bhutto est loin d'être la pensée d'exception d'un monde figé et médiéval.

Inséparable du souci de la compatibilité entre islam et modernité, est celui d'un perpétuel dialogue des civilisations. A ce titre, la pensée de Benazir Bhutto se situe à l'antipode de celle prônée par les partisans d'un conflit des civilisations, qu'il s'agissent de « fondamentalistes » radicaux, à l'instar de Sayyid Qutb[9] ou des « néoconservateurs » américains, tels Samuel Huntington[10] ou Pat Robsertson[11].

Là aussi, Benazir Bhutto ne fait que partager la préoccupation récurrente de nombreux chefs d'État et de gouvernement du monde musulman. Celui d'entre eux qui a fait de ce thème un leitmotiv, au cours des années quatre vingt dix, n'est autre que l'ex président

---

[9] Sayyid Qutb : *Al- 'Adâla al-Ijtimâ'iya fî al-Islâm* (La justice sociale en islam), Le Caire, Dâr al-Shurûq, 1986.

[10] Samuel Huntington : *The Clash of Civilization and the Remaking of the World Order*, Simon and Schuster, New York, 1996.

[11] Cf. Justin Watson : *The Christian Coalition, : dreams of restoration, demands for recognition,* London, Mc Millan, 1999.

iranien Muhammad Khatami qui, lors de la table ronde de l'UNESCO consacrée au dialogue des civilisations s'exprime en ces termes :

« En l'absence d'un engagement des gouvernement, en vue d'un vote en faveur de la résolution sur le dialogue des civilisation, nous ne pourrons maintenir de grands espoirs quant aux conséquences politiques des propositions énoncées. Les États membres des Nations Unies devraient œuvrer à lever l'ensemble des obstacles à un tel dialogue des cultures et des civilisations et se conformer à ses pré-conditions fondamentales. Le principe fondamental en est le refus de tout dictat (culturel) et la possibilité, pour les parties au dialogue d'être sur un pied d'égalité. »[12].

Si l'appel à une rupture entre civilisations est, dans le monde musulman, l'œuvre d'extrémistes qui appellent les musulmans à se défaire de l'»influence perverse de l'Occident»[13], celle au dialogue puise ses racines dans le texte coranique, la pratique prophétique, ainsi que dans une partie non négligeable de l'histoire politique.

Quelques principes fondamentaux méritent d'être rappelés, au sujet du texte coranique, par-delà les divergences d'interprétation :

La diversité des croyances est constitutive du monde et doit être préservée, ainsi que la coexistence du croyant et de l'incroyant.

La révélation coranique n'est pas la seule légitime. Elle a été précédée de milliers d'autres. A ce titre, les révélations chrétienne et juive conservent une légitimité entière (y compris par la reconnaissance du droit au salut (Sourate de la Table, verset 69)

Dans ce contexte de diversité, le Prophète, a fortiori, l'ensemble de la communauté des croyants, ne sont pas autorisés à contraindre les incroyants, mais seulement à les guider (Sourate de celle qui enveloppe, versets 21 à 26)

Quant au dialogue avec les autres croyances, il est reconnu, soutenu, recommandé, par l'appel à répondre par les « meilleurs

---

[12] Muhammad Khatami in the Round Table on Dialogue among Civilizations United Nations, New York, 5 September 2000.

[13] Il nous a même été possible de montrer, dans un texte soumis à la revue Raison Politiques, ayant pour titre « La pensée politique arabe moderne et l'exigence démocratique» à quel point le « radicalisme » des « fondamentalistes » a été influencé par la critique post-moderne radicale de la modernité capitaliste.

procédés » (Allati Hiya Ahsan), c'est-à-dire, par ceux du dialogue et de la discussion (rationnelle).

Il est vrai que, du point de vue de nombreux doctrinaires musulmans, le dialogue des civilisations est envisagé sous l'angle du dialogue interreligieux. La raison en est que la doctrine originelle de l'islam avait pour ambition de dépasser les différentes formes de 'asabiya, voire, d'affirmation clanique, tribale, raciale, de soi, par le principe d'égalité de naissance des humains qui ne deviennent inégaux qu'à raison de leurs actes et de leur attitudes.

C'est, par conséquent, le dialogue entre religions qui préoccupe davantage les docteurs de l'islam, dés lors que la reconnaissance de la diversité des croyances laisse place au principe de reconnaissance de la différence. L'histoire musulmane va même générer un principe d'autonomie des communautés religieuses dont la forme extrême est la « Millet » ottomane, au sein de laquelle les chefs religieux juifs et chrétiens avaient droit de vie et de mort sur leurs fidèles[14].

Là aussi, l'apport de la pensée séculière[15] sera de permettre une autre représentation des découpages civilisationnels et de l'interaction entre civilisations qui ne coïnciderait pas nécessairement avec les identités religieuses. En effet, s'il est vrai que la civilisation arabo-musulmane a été, dans sa diversité religieuse, fortement influencée par le corps doctrinal et religieux de l'islam, même perverti par les contraintes historiques, il n'est pas, en revanche, possible de ramener la civilisation européenne moderne à ses seules racines chrétiennes, alors même que le débat des définitions n'est pas tranché. Certains vont jusqu'à parler de civilisation prométhéenne[16], d'autres de civilisation du

---

[14] Cf. Georges Corm : *Contribution à l'étude des sociétés multiconfessionnelles*, Paris, LGDJ, 1971.

[15] La pensée séculière, qui affiche son autonomie vis-à-vis du religieux et du métaphysique est fortement encouragée par les sources fondatrices de l'islam, et nombre de « savants religieux » (*'âlim*) et de docteurs (*faqîh*), considèrent que Dieu a laissé à l'intelligence humaine le soin de répondre à l'essentiel des défis de l'économie et de la politique.

Cf. 'Ali 'Abdulrâziq : *Al-Islâm wa Usûl al-Hukm* (L'islam et les fondements du pouvoir politique), Beyrouth, Dar Maktabat al-Hayât, 1966.

[16] Kostas Axelos : *Marx, penseur de la technique, de l'aliénation à la conquête du monde*, Paris, Ed de Minuit, 1974.

capitalisme[17]. La difficulté est encore plus grande, en ce qui concerne les autres ensembles civilisationnels. Lorsque l'on sait que des sociétés comme celle du Sénégal sont triplement déterminées par l'environnement « africain », la religion musulmane et la francophonie, un véritable travail de redéfinition des contours de ce qu'est une civilisation est inéluctable[18].

Fouad Nohra
(Maître de conférences à l'Université Paris Descartes)

---

[17] Samir Amin : *L'Eurocentrisme, critique d'une idéologie,* Paris, Anthropos, 1988.

[18] Il s'agit d'une problématique développée dans le cadre de notre critique des thèses de Samuel Huntington. Cf. Fouad Nohra : « Une représentation négative de l'interculturalité : la théorie du choc des civilisations », in Saliha Ben Messahel (dir.) : *Des frontières de l'interculturalité,* Lille, Presses Universitaires du Septentrion, 2009.

AVANT-PROPOS

La fin de la guerre froide a radicalement modifié les rapports entre Islam et Occident.

Dans l'imaginaire occidental, et américain en particulier, la peur de l'Islam, trop souvent confondu avec ses dégénérescences extrémistes, les islamismes, a remplacé la peur historique du communisme.

De nouveaux préjugés s'ajoutent aux anciens et s'y mêlent.

En Europe, l'Islam est devenu *l'autre*, l'envahisseur par rapport auquel il faut défendre et retrouver sa propre identité. Dès les années 20, les pays musulmans éprouvent un souverain dédain envers un Occident perçu comme prétentieux et aveugle, un Occident qui voudrait imposer ses propres paradigmes et ses propres valeurs à un monde qui en réalité, comme le soutiennent de nombreux intellectuels musulmans, est historiquement à l'avant-garde puisqu'il nourrissait les arts, les sciences et la liberté de pensée déjà durant les 'siècles obscurs' du Moyen Age judéo-chrétien. Dommage, répondent en écho avec la même dose de mépris certains analystes européens et américains, que le développement de l'Islam se soit arrêté là, à cette période ancienne : à croire qu'Islam, modernité et démocratie sont par nature incompatibles...

Benazir Bhutto a voulu prendre une position forte dans ce débat ancien entre modernistes et conservateurs, une position qui n'est pas nouvelle dans la tradition musulmane, mais qui a l'originalité de vouloir sortir du débat doctrinal pour déboucher dans l'action politique concrète.

Depuis toujours l'Islam se confronte à la modernité. La situation culturelle de l'après guerre froide et les nouvelles tendances de la droite intellectuelle américaine ont changé cette dialectique en affrontement, de moins en moins théorique malheureusement, entre ceux que Benazir appelle à juste titre les 'clashistes' (ceux qui cherchent le clash des civilisations), et les réconciliationnistes, dont elle fait évidemment partie.

Par un parcours à travers l'histoire de l'Islam et du Pakistan, cet essai se propose de rechercher comment on en est arrivé à ce point, se propose de comprendre pourquoi le Pakistan est devenu un centre névralgique de l'islamisme et pourquoi il est perçu par les analystes occidentaux comme le dangereux propulseur d'un choc des civilisations, alors qu'il était né pour être le pays phare d'un Islam moderne et éclairé.

C'est le même point de départ qui avait poussé Benazir Bhutto à écrire son essai majeur : *Reconciliation. Islam, Democracy, and the West*, déposé chez l'éditeur la veille de sa mort, et qui est devenu ainsi son testament spirituel.

Selon Samuel Huntington, historien et politologue de l'Université de Harvard, la fin de la guerre froide marque le passage à une nouvelle étape de l'histoire du monde, caractérisée non plus par les grands conflits idéologiques (communisme contre capitalisme) mais par des conflits entre civilisations ou entre blocs culturels. Dans son article de 1993 : 'The Clash of Civilizations?' et ensuite dans son livre de 1996 : *The Clash of Civilizations. Remaking of World Order* (on remarquera que le point d'interrogation a disparu), Huntington classe huit civilisations différentes : les civilisations occidentale, orthodoxe, africaine, hindouiste, chinoise, latino-américaine et japonaise. Les critères de cette classification ne sont pas toujours cohérents. Les tensions religieuses jouent un rôle capital, mais souvent par superposition à des tensions idéologiques, politiques ou encore ethniques. Le résultat : un réseau très complexe de contacts et de conflits où les deux pôles dominants, Occident et Islam (qui serait de plus l'allié potentiel d'autres cultures au développement dangereux, telle la Chine), s'opposent dans un affrontement capital, susceptible d'impliquer par un jeu dangereux d'alliances toutes les autres cultures ; affrontement qui, s'il n'est pas pris au sérieux, va bientôt mettre fin pour toujours au monde tel que nous le connaissons. Le risque, signale Benazir Bhutto, est que le choc des civilisations ne soit qu'un monstre créé par l'Occident, un mythe sans fondement historique qui s'autoalimente lui-même

La décolonisation a ouvert les yeux à la société musulmane, mais elle a aussi déstabilisé son élan traditionnel vers l'unité. Et les crises d'identité sont le terrain propice des fondamentalismes, souvent nourris par les interventions pour le moins maladroites d'un Occident sans doute assoiffé de pouvoir, mais surtout rendu aveugle par l'autre grand mythe, tout aussi utopique, de notre temps : l'intégration des cultures.

En revanche, pour Huntington la seule alternative au chaos global est le renfermement total et imperméable de chaque culture sur elle-même, en ultime défense de son identité menacée. Les critiques à cette théorie ont été nombreuses dès sa publication. Mais après les événements du 11 septembre, la théorie de Huntington connaît un nouveau succès et est considérée par certains comme quasi-prophétique. L'idée d'un 'choc des civilisations' pourrait en soi être une bonne clé de lecture du nouveau 'désordre' mondial de l'après guerre froide. L'idée vraiment dangereuse est que cet affrontement soit inévitable, que cela doive se terminer dans une espèce de conflagration universelle et, surtout, que l'Islam ait, par sa nature, des frontières sanglantes (*bloody borders*). Même en admettant que cela soit la seule solution possible, l'isolement total des civilisations reste une proposition très utopique.

Benazir réagit avec une clarté et une lucidité remarquables à la vague de phobies et de méfiances incarnées par les partisans de Huntington. Dans *Reconciliation. Islam, Democracy, and the West*, elle dénonce sans demi-mesure le fait que ceux qui souhaitent un affrontement final des cultures ne sont pas les vrais musulmans mais les islamistes, et que l'idée même de ce conflit trahit et dénature l'Islam, qui sera finalement la première victime de ces préjugés.

Benazir est morte assassinée dans un attentat suicide le 27 décembre 2007, et on ne saura jamais si elle aurait été capable de mettre en œuvre ce qu'elle prêchait. Cet essai veut analyser les points principaux de sa pensée et de sa lutte pour l'établissement d'une démocratie stable au Pakistan, lutte qu'elle a menée par son action politique et son activité de conférencière tout au long de sa vie, au nom d'une tradition familiale de philosophie politique mais surtout en vertu de son *credo* le plus fort : la profonde et naturelle complémentarité entre Islam, modernité et démocratie. Pas seulement au nom d'un 'antichoc des civilisations' ou au nom du mythe facile de l'intégration culturelle, mais pour un programme politique, social et économique plus pratique quoique plus épineux : la réconciliation des peuples, et de son peuple avant tout, avec les défis de la modernité et de la mondialisation.

Cet essai se propose de retrouver les racines de la pensée politique de Benazir dans l'histoire de l'Islam, du Pakistan, et de la famille Bhutto, dans son histoire personnelle. Cela pourrait aussi apporter de la lumière sur les causes de son assassinat et expliquer pourquoi elle a voulu rentrer au pays en sachant bien qu'elle y trouverait sans doute la mort, elle qui toute sa vie durant avait construit soigneusement autours de sa personnalité le mythe de la 'fille du destin'.

Suivant ce programme, l'essai se compose de trois parties. La partie 1, « Islam et politique », s'ouvre par une courte histoire doctrinale de l'Islam, et la partie 2, « La République Islamique du Pakistan : la difficile construction d'une identité nationale » porte sur l'histoire du Pakistan et sur sa quête d'identité en tant qu'état islamique. En effet, pour déchiffrer l'histoire du Pakistan et comprendre comment l'Islam fut le seul élément capable de donner une identité nationale à un territoire si varié en termes de traditions, de cultures et de structures sociales et pourquoi la jeune nation tomba dans la dictature militaire et dans l'extrémisme, il fallait rappeler les traits principaux de l'histoire et de la doctrine de l'Islam, dans le sous-continent indien en particulier, et des rapports difficiles entre tradition et modernité dans l'histoire de la pensée musulmane.

Le réveil du monde musulman à la modernité passe par le traumatisme colonial.

On peut considérer l'égyptien Taha Hussein (1889-1973) comme un des pères fondateurs de l'humanisme arabe (*Nahda*), et l'Egypte comme sa terre natale, mais le mouvement rayonna dans tout le monde musulman comme une véritable révolution, et cela malgré deux guerres mondiales qui changèrent profondément la conformation politique du Moyen-Orient et de l'Asie. Ali Jinnah et Muhammad Iqbâl, les pères fondateurs du Pakistan, sont le produit de cet humanisme musulman : ils rêvent d'un pays laïc et séculaire, un pays 'pour les musulmans' au nom de la liberté de culte et de la séparation entre pouvoirs spirituel et temporel. Ainsi naît, en 1947, le Pakistan, véritable laboratoire politique dont les principaux créateurs meurent malheureusement trop tôt.

La *Nahda* réveille le monde musulman et déclenche un dialogue que l'Occident a, par ignorance, par préjugés, où tout simplement à cause des barrières linguistiques, trop souvent sous-estimé. Une réaction conservatrice violente, quant à elle, ne se fait pas attendre. En 1928, peu après l'effondrement de l'Empire Ottoman, Hassan Ali Banna, contemporain de Taha Hussein, fonde en Egypte la confrérie des "Frères Musulmans", dont le programme est explicite : lutter contre « l'emprise laïque occidentale et l'imitation aveugle du modèle européen ». Ce n'est qu'un des mouvements extrémistes qui naîtront en réaction et en conséquence de la *Nahda*. Celui qui nous intéresse le plus, parce qu'il aura une influence énorme sur l'histoire du Pakistan et sur la politique internationale en général, est le *Jamaat-e-Islami* fondé par Maududi en 1941 et qui sera, dans le Pakistan indépendant, un parti politique, dans l'opposition sous Bhutto et au pouvoir pendant la dictature de Zia (chap. 2.3).

La partie 3 vise plus particulièrement l'action et la pensée politique de Benazir Bhutto. Elle est introduite par le rappel des événements essentiels de sa vie familiale, car dans la famille Bhutto, histoire nationale et familiale s'entremêlent pour construire l'héritage culturel de Benazir. Elle se sent impliquée dans l'histoire de son pays comme si elle était chargée d'une véritable mission du destin. Suit une analyse des deux mandats de Benazir en tant que premier Ministre. Comme dans la deuxième partie, les chapitres historiques n'ont pas la prétention d'être exhaustifs ni de découvrir les causes cachées des faits, mais uniquement de faire ressortir les précédents historiques qui aident à comprendre l'action et l'attitude politiques de Benazir, et de la classe politique pakistanaise dans laquelle elle a du évoluer.

Le deux derniers chapitres de la partie 3 analysent en détail la pensée de Benazir sur l'Islam, la modernité, la démocratie et les rapports Orient-Occident. Cette réflexion se fait programme politique dans le *Manifesto* 2008 du Parti du Peuple Pakistanais, qui a remporté les élections de février 2008.

Tout au long du livre, la démarche est volontairement historique et descriptive lorsqu'il s'agit de faire le point sur les événements historiques, qui ne sont en effet mentionnés que pour encadrer l'analyse d'une pensée, celle de Benazir ou celle de ses principaux prédécesseurs et antagonistes. L'idéologie politique des fondateurs, puis des acteurs principaux de l'histoire du Pakistan, et enfin la pensée politique de Benazir sont le véritable sujet de nos recherches et son étude se veut, en revanche, explicitement philosophique. C'est une analyse de la pensée que l'on vise avant tout dans cet essai, car, comme le dit la Constitution de l'UNESCO :

> *Les guerres prenant naissance dans l'esprit des hommes, c'est dans l'esprit des hommes que doivent être élevées les défenses de la paix*

A la fin du livre, le lecteur trouvera, en annexe, le texte intégral d'une nouvelle de Giovanni Boccaccio : *Abraham Judeo*. Le juif Abraham, poussé par un ami chrétien, va à Rome où il voit qu'au Vatican le népotisme et la corruption règnent. Rentré à Paris, il se fait chrétien, persuadé que seule une véritable assistance divine peut faire en sorte que le christianisme existe toujours malgré la perversion des institutions humaines censées l'incarner...

Depuis le XIIIème siècle, Boccaccio nous signale, d'un clin d'œil savant et sournois, que si à toutes les époques et dans toutes les cultures la religion, comme toute expression de la pensée humaine, est susceptible de dégénérer, d'extrémismes, de corruptions et de perversions dans les institutions humaines qui prétendent l'incarner, cela est justement le fait contingent des humains et ne touche pas son message intime qui, pour toutes les religions sans distinction, est avant tout un message de paix, si l'on veut bien l'admettre et le reconnaître...

Paris, le 31 janvier 2010

INTRODUCTION

Le mouvement pour le Pakistan peut devenir le point de départ d'un nouveau développement islamique si les musulmans réalisent que la justification réelle, historique de ce mouvement [...] doit être trouvée uniquement dans le désir des musulmans d'établir une réelle politique islamique : en d'autres mots, de traduire les principes de l'Islam en termes de vie politique[19].

Ainsi écrit Muhammad Asad, né Léopold Weiss, juif austro-hongrois en 1900, converti à l'Islam à 26 ans, qui avec l'enthousiasme et l'euphorie sans égale qui anime seuls les convertis, sera dans les années 50 fondateur, idéologue, mais aussi ministre et ambassadeur ONU de la nouvelle nation pakistanaise. Le Pakistan, explique Asad dans ses lettres[20], ne peut pas être une nation au sens européen, à cause de l'Islam qui lui est consubstantiel et aussi à cause de l'extrême diversité de l'Islam qui y est pratiqué. Il sera plutôt un 'état' islamique.

Cette analyse déconcertante, une des plus lucides de l'époque et finalement prophétique – le Pakistan, né comme 'un état pour les musulmans', rêve de laïcité et de multiethnicité dans l'esprit de son père spirituel Jinnah, deviendra vite un état islamique puis, avec Maududi et Zia, il deviendra l'état islamiste dont les échos résonnent encore aujourd'hui en politique extérieure comme à l'intérieur –, nous invite à chercher dans l'histoire de la pensée, et non seulement dans les fait historiques déclarés, les racines de la situation actuelle en Asie du Sud, et à nous interroger sur le rôle effectif de l'Islam dans la géopolitique mondiale.

En 2009, il y a dans le monde environ 1,3 milliards de musulmans, en majorité sunnites, et quelques 150 millions chiites : la communauté musulmane représente un cinquième de l'Humanité

---

19 Cf. F. Heimann, *Un juif pour l'Islam*, Bussière, Paris 2005, p. 144.
20 Cf. Heimann, *Un Juif, cit.*, p. 246.

et l'Islam est devenu un espace historique et socioculturel qui a une importance géopolitique majeure.

Si la région du monde où le pourcentage de musulmans est le plus élevé reste la péninsule arabique, point de référence privilégié et berceau de l'Islam historique, le centre de gravité démographique de l'Islam est aujourd'hui en Asie. Deux tiers des musulmans vivent en Asie, où quatre pays y rassemblent à eux seuls la moitié des musulmans de la planète : l'Indonésie, premier pays musulman du monde, l'Inde, le Bangladesh, et le Pakistan, dont la population est musulmane à 97%.

Ce milliard et demi d'hommes a été longtemps refoulé de la scène internationale. Le réveil doctrinal des années 20 ayant concerné surtout la classe intellectuelle musulmane moyen-orientale, ce n'est que depuis les nationalismes des années 50-70 que les populations musulmanes, émergeant péniblement de la décolonisation, cherchent à prendre une place dans l'histoire mondiale[21].

Après plusieurs vicissitudes historiques dont les dernières colonisations, qui ont été dévastatrices pour plusieurs de ces pays, la crise de croissance économique et démographique que vivent les pays musulmans aujourd'hui implique une crise d'identité aussi forte pour les musulmans qui vivent en terre historiquement musulmane que pour les musulmans d'Europe et du reste du monde, désormais loin de leurs racines historiques et doctrinales mais sensibles, plus encore aujourd'hui à l'âge de la mondialisation, à l'appel identitaire. Ce qui se concrétise de manière très différente selon les régions du monde : dans les pays musulmans[22], là où des antagonismes religieux, mais surtout des disparités d'ordre ethnique et linguistique entravent l'édification de structures institutionnelles dignes d'un état moderne, c'est la recherche d'une stabilité politique et d'un équilibre social et culturel. En Europe et

---

21 Cf. *infra* chap. 1.3.
22 Selon l'*Atlas des Religions*, sont aujourd'hui à majorité musulmane: Afghanistan, Algérie, Arabie Saoudite, Azerbaïdjan, Bahreïn, Bangladesh, Djibouti, Égypte, Émirats Arabes Unis, Indonésie, Iran, Irak, Jordanie, Kirghizistan, Koweït, Liban, Libye, Malaisie, Mali, Maroc, Mauritanie, Niger, Nigeria, Oman, Ouzbékistan, Pakistan, Qatar, Sénégal, Somalie, Soudan, Syrie, Tadjikistan, Tunisie, Turkménistan, Turquie, Yémen. Cf. *Atlas des Religions*, Hors série du *Monde*, Paris 2007.

aux États-Unis, c'est dans des aspirations souvent utopiques à l'unité et à l'authenticité des origines et de la terre natale, que les extrémismes, fléau de tous les temps et de toutes les cultures, n'ont aucune peine à manipuler dans des milieux souvent peu cultivés.

Pour la plupart des pays musulmans, la première bataille à mener est actuellement celle du développement économique, social et culturel : une bataille qui interpelle aussi les ressortissants de ces pays bien sûr, et que, bien que l'on l'oublie volontiers, ces hommes mènent avant tout en tant que membres de pays sous-développés ou en développement, et non en tant que musulmans.

Et dans ce panorama difficile, qui semble vivre aujourd'hui l'épreuve de l'histoire, l'Islam d'Asie vit un défi supplémentaire. Par son histoire, parce qu'il a dû et doit se confronter avec l'une des plus grandes parmi les religions non monothéistes, l'hindouisme, il est particulier et a souvent défini son identité par la négative. Cela est encore plus vrai pour le Pakistan, né en 1947 par scission d'avec l'Inde hindoue, et qui résume en soi l'histoire de l'Islam d'Asie, tout en représentant, par son essence de pays non arabe et pourtant musulman, la toute première expérience d'Islam politique moderne.

En effet, l'idée du Pakistan naît, dans l'esprit de son père fondateur Ali Jinnah, comme l'idée d'un pays laïc fait pour les musulmans indiens – et non le pays musulman qui nous apparaît aujourd'hui. Peu à peu, il devient aussi dans la volonté de ses idéologues – Iqbâl, Jinnah, Asad[23] – l'incarnation politique de la communauté idéale ; mais là encore, le Pakistan ne devait être que le siège provisoire et exemplaire de l'Islam moderne, qui conserverait sa vocation universelle traditionnelle : montrer que l'Islam peut être un modèle politique réussi dans le monde contemporain, première étape pour que les musulmans du monde, arabes et non arabes, connaissent la modernité et assimilent un Islam moderne, ouvert et démocrate qui rayonnerait dans le monde entier.

Mais l'expérience bascula et, d'état pour les musulmans qu'il était, le Pakistan devint état islamique, et ensuite, avec Maududi et Zia, état islamiste.

---

23 Sur le réveil islamique en Asie, cf. *infra* chap. 4.

Dans les trois modes, il voulut être un état phare pour l'Islam : il fut sûrement, dès sa fondation, le miroir de ses troubles et de ses contradictions.

Aujourd'hui, par son histoire comme par sa position actuelle au sein de la communauté internationale, il représente bien la tension entre modernité et tradition qui est l'enjeu capital pour l'Islam contemporain, un Islam susceptible bien sûr d'être, comme le souhaitait Benazir Bhutto dans un de ses derniers écrits, et pas moins que toutes les grandes religions, « pacifiste, tolérant, ouvert [...] aux valeurs de la démocratie », mais incapable encore aujourd'hui d'incarner ces valeurs dans un organisme étatique efficace[24].

C'est ce que voulait réaliser Benazir Bhutto, en parfaite continuité avec une tradition de modernisme qui fait partie de l'histoire de l'Islam dès ses origines, mais qui n'a pas encore trouvé de réalité historique concrète en-dehors des cercles philosophiques et intellectuels, orientaux et occidentaux, d'hier et d'aujourd'hui. Il nous paraît nécessaire de connaître cette tradition pour comprendre l'actualité du Pakistan, aujourd'hui présent à la une des médias en tant que point névralgique du terrorisme international et de l'islamisme, mais qui pourrait aussi représenter l'expérience de modernité et de démocratie capable de réconcilier cette scission Occident/Orient qui vire désormais au mythe. Il s'agit surtout de poursuivre de manière efficace un dialogue qui remonte très loin, mais que Benazir, par le parcours de son existence, a sans aucun doute marqué de manière substantielle en le confrontant à la politique.

---

24 Cf. B. Bhutto, *Réconciliation. Islam, Democraty and the West*, Simon and Shuster, London 2008, p. 20.

PARTIE I

ISLAM ET POLITIQUE

1. COURTE HISTOIRE DOCTRINALE DE L'ISLAM

Dans la langue arabe, le mot *Islâm*, *masdar* ou nom d'action du verbe *aslama*, signifie proprement 'soumission' et vient de la même racine *SLM que le mot *salâm*, la paix. La notion de soumission, à savoir, assumer sa place dans la hiérarchie de l'Univers, est profondément enracinée dans la sensibilité religieuse arabe. Le terme *dîn*, normalement traduit par 'religion' et qui s'applique à tous les monothéismes, a proprement le sens de 'obligations' : il recouvre donc les devoirs des humains, en tant que créatures rationnelles, envers Dieu ; le premier de ces devoirs étant justement la confiance totale en Dieu et en sa volonté. *Islam* est l'acte d'obéissance totale de celui qui accepte de se remettre à la volonté de Dieu, telle qu'elle est exprimée dans le Coran, pour Lui rendre l'adoration qui Lui revient, témoignée tous les jours par les *'ibâdât*, les actes de culte qui sont le rituel essentiel de l'Islam en tant que religion, mais aussi par les *mu'âlamât*, les obligations qui règlent la vie sociale et politique de la communauté des croyants.

Car cette conception de la religion et de la vie sociale implique nécessairement l'existence d'une communauté, la *Umma*, qui est la meilleure des communautés possibles et le siège privilégié de la religion, à savoir de l'Islam[25].

---

25 Cette idée d'une communauté idéale fondée sur le Coran qui serait un modèle de gouvernement parfait et la meilleure des communautés possibles en tout point, épousa très tôt, dès les premiers contacts avec la culture grecque aux VIIIème et IXème siècles, le platonisme et l'utopie politique de la République de Platon, tant et si bien qu'on a parlé d'une fondation de la philosophie politique en Islam. Cf. M. Mahdi, *La Cité vertueuse d'Alfarabi. La Fondation de la philosophie politique en Islam*, éd. de l'IMA, Paris 1996. Si en effet le Christianisme s'ouvre plutôt à une philosophie de l'histoire (que l'on lise St. Augustin, *La cité de Dieu*), l'Islam semble prédisposé à la philosophie politique. De là vient la difficulté aujourd'hui encore de séparer le plan spirituel proprement religieux du plan politique et étatique et la difficulté de concevoir voire d'accepter un modèle de laïcité en politique, sans craindre l'athéisme et en définitive le risque d'une société sans morale. Pour la pensée de Benazir, cf. *infra*, chap. 9.

En effet, selon le Coran (cf. Cor. III,85) il n'y a qu'une seule Religion et toutes les autres religions historiques (*millât*) ne sont des religions que parce qu'elles participent de la Religion : tous les monothéismes sont alors l'incarnation historique d'un seul *dîn*, de même que les prophètes Abraham, Moïse et Jésus sont tous « musulmans » car ils se sont 'abandonnés' à Dieu et ont obéi à sa volonté.

Ainsi, après la méprise des Juifs, qui croyaient la révélation réservée uniquement au peuple juif, et celle des Chrétiens qui ont pris le prophète Jésus pour un dieu, ce *dîn* ou Religion Universelle s'est enfin exprimée de manière définitive dans le Coran, 'Sceau de la révélation', grâce à Muhammad, le dernier des prophètes. Selon le Coran, le message des trois grandes autres religions monothéistes est le même : Juifs, Zoroastriens, Chrétiens, Musulmans[26] sont tous des 'gens du Livre'[27] et ils sont faits pour être amis. Cette considération a permis une grande variété et une grande adaptabilité, de sorte que, dans l'histoire, la grande diversité doctrinale des différentes branches de l'Islam n'a pas dépassé sa vocation universelle à devenir une société unique et unifiée, et qui fait qu'aujourd'hui encore, en théorie, une connivence des trois monothéismes est tout à fait possible car, comme l'explique bien Gaborieau : « L'Islam est d'abord une orthopraxie où l'observance des règles définies dans le droit islamique, le *fiqh*, tient plus de place que l'analyse théologique des croyances »[28].

Origines de l'Islam

Aussi surprenant que cela puisse apparaître aujourd'hui, l'acte fondateur de la nouvelle religion est la Partition des musulmans d'avec la communauté païenne et le rapprochement avec les frères

---

[26] Et aussi, selon une lecture tout récente, politiquement correcte mais sans véritable support textuel, à l'hindouisme. Cf. Gaborieau, *Un autre Islam – Inde, Pakistan, Bangladesh*, Albin Michel, Paris 2007.

[27] 'Le livre' est la Bible, du grec *biblia* qui signifie livres, la Bible est l'ensemble des livres révélés, dont le contenu serait perfectionné par le *Coran* qui complète sans invalider toutes les révélations précédentes. À son origine, par ailleurs, l'Islam se nourrit d'influences juives et chrétiennes : les premiers musulmans furent même considérés par Byzance comme les disciples d'une hérésie chrétienne.

[28] Cf. M. Gaborieau, *Un autre Islam, cit.*, p. 91.

juifs. En 622 Muhammad décide de quitter La Mecque païenne pour se rendre à Yathrib, appelée depuis 'al-Médina', 'la Ville'. Yathrib était en effet à l'époque à majorité juive, alors que La Mecque était polythéiste et était aussi un lieu sacré du polythéisme de l'époque, siège d'un grand temple, la Ka'ba et ville de pèlerinage. Les Qurayshites, clan tribal d'où provenait Muhammad lui-même, et qui géraient les affaires de culte, la quête des aumônes, les affaires du pèlerinage et ses revenus, n'étaient pas disposés à perdre face à la montée de la nouvelle religion. En revanche, avec les frères hébreux l'entente fut – au moins au début – facile et profitable. Cet acte marque le commencement historique de l'Islam : l'année 622 du calendrier chrétien est l'année de l'*hégire*, l'exil de Muhammad à Médine, l'an zéro du calendrier musulman.

Ce n'est qu'en 630, et après un an de négociations, que Muhammad rentre à La Mecque pour mener le pèlerinage rituel : le temple de la Ka'ba, épuré des idoles païennes, devient le premier et encore actuellement le plus important des lieux sacrés de l'Islam. Il l'est resté d'ailleurs jusqu'à aujourd'hui.

La capitale politique en revanche reste Yathrib. En 632, peu après avoir guidé le deuxième pèlerinage, Muhammad meurt. À part les révélations transmises oralement par Muhammad à ses compagnons et le rituel constitué par la vie communautaire de Médine, rien de la nouvelle religion n'est encore fixé, et Muhammad n'a pas désigné son successeur.

C'est ainsi que cette grande communauté à vocation universelle, orpheline de son père fondateur dix ans seulement après sa naissance, connaît tout de suite son premier schisme.

L'histoire a les traits d'une *saga* familiale. A la mort de Muhammad en 632, Abû Bakr, qurayshite comme Muhammad, ami et proche du prophète et parmi les premiers convertis, est choisi par acclamation comme son *calife*, « successeur », à la tête de la communauté. Abû Bakr désigne lui même comme deuxième calife Omar. Omar, quant à lui, charge six de ses proches, dont Otman et Ali, d'élire parmi eux son successeur.

al-Chî'a li-'Ali, d'où vient le terme « chiite », est le parti de ceux qui souhaitaient l'élection d'Ali, cousin et beau-frère de Muhammad, et qui voulaient que la succession se fasse toujours en vertu des liens du sang.

Mais comme troisième calife, c'est Otman qui fut choisi. Quand il mourut assassiné, Ali fut choisi comme quatrième calife, mais son élection fut tout de suite violemment contestée par des proches d'Otman et surtout par l'épouse préférée du prophète, Aicha, lesquels voulaient que chaque calife soit élu pour ses qualité morales et non pour ses liens de sang. Ce parti était guidé par Mu'awya, futur fondateur du califat des Omeyyades : ce sont les « sunnites », les partisans de la *sunna*, la tradition.

Lors de la bataille de Siffrin en 657, Ali accepta un arbitrage en sa propre défaveur. Cela lui vaudra la haine d'un groupe de ses propres partisans, responsables de son assassinat peu de temps après : ce sont les « Kharidjites ». Le mot "kharidjite" en arabe est le participe présent du verbe *kharadja* : 'sortir'. Le terme désigne donc « ceux qui sont sortis » : sortis du champ de bataille à Siffrin, sortis de la dispute politique et aujourd'hui, selon les deux autres branches, majoritaires, de l'Islam, Sunnisme et Chiisme, sortis de la religion toute entière.

La sunna

Ahl al-sunna wa 'l-djamâ'a : « les gens de la tradition et de la communauté » sont aujourd'hui la majorité et représentent historiquement l'Islam orthodoxe. Pour eux la *charî'a*, la loi islamique, a quatre fondements ou sources (*uSûl*) : 1. le Coran ; 2. le *hadîth* ; 3. le *idjma'* ; 4. le *qiyâs*.

1. Le Coran : la parole arabe *al-qur'ân* signifie 'lecture à haute voix', 'récitation'. C'est l'ensemble des révélations reçues par Muhammad pendant 20 ans, de la nuit de *qadr* en 612, commémorée le 27ème jour du mois de ramadân, jusqu'à sa mort en 632. Le premier mot révélé est, par ailleurs, l'impératif *'Iqrâ*, « lis » – ordre de l'ange Gabriel au Prophète étouffé et paralysé par sa vision[29]. Le Coran, comme plusieurs œuvres spirituelles de la tradition orientale, est un texte conçu pour être récité et répété et non lu. Benazir voudra interpréter cette invitation à la lecture comme un appel universel à l'éducation : ce qui, en l'occurrence pour ce passage, force le texte. Cependant, cela pourrait être une bonne base pour encadrer dans la tradition le programme culturel

---

29 Cf. *Coran*, sura 97.

d'un état musulman moderne tel que le Pakistan a vocation à l'être[30].

2. Le *hadîth* / *ahâdith* : l'ensemble des témoignages sur les paroles et les actions du Prophète qui définissent la tradition (*sunna*) originale à laquelle la communauté musulmane (*Umma*) doit se conformer[31].

3. Le *idjma'* : l'accord des savants sur des paroles, des événements ou sur leur interprétation. Pour les sunnites, c'est l'accord de tous les croyants ; mais l'enjeu est délicat et il est facile de plier cette notion à des interprétations plus ou moins strictes. Puisqu'il est un accord conventionnel, le *idjma'* peut en effet évoluer dans le temps et s'adapter au contexte historique et social. C'est la clé, selon Benazir, pour que l'Islam construise sa propre modernité[32].

4. Le *qiyâs* : la démarche par analogie qui permet de légiférer sur des situations non analysées par la *sunna*. C'est une notion assez délicate mais qui peut concourir, elle aussi, à une modernisation de l'Islam.

La division entre sunnites et chiites est donc au début un conflit concernant la succession du prophète comme guide de la communauté des croyants. Mais dans l'histoire de l'Islam, ce conflit politique prend une coloration sociale et doctrinale, et plus récemment nationale, dont Benazir Bhutto connaissait bien les implications possibles et puisqu'elle les a longuement étudiées, analysées et critiquées. S'il est vrai que l'Islam supporte mal une 'philologie coranique', le texte du Coran et la doctrine coranique sont depuis toujours l'objet de débats et d'interprétations différentes. Ce sont ces interprétations différentes, historiquement fixées par les différentes écoles[33], qui font vraiment la diversité de l'Islam, plus que ne le fait la distinction entre sunnisme et chiisme.

---

30 Cf. Bhutto, *Reconciliation, cit.*, p.19. Cf. aussi *infra* chap. 4.2.

31 Chaque *hadîth* se compose d'un texte, *matn*, précédé par son *isnâd*, une série de témoignages dont la véracité est garantie par l'autorité des témoins en question.

32 Cf. Bhutto, *Reconciliation, cit.*, p. 18, 30, 65-66, 71, 74-75. Cf. *infra* chap. 3 et 9.

33 Les différentes écoles de l'Islam seront analysées un peu plus loin dans ce chap. 1.1, cf. *infra*.

Plus récemment, pendant la *Nahda* des années 20, les intellectuels musulmans sont revenus sur des notions cruciales de ce débat, en particulier sur le *idjma'*, le *consensus*, et sur le *istihsân*, l'effort d'interprétation personnelle, pour expliquer et confirmer la compatibilité de l'Islam avec la modernité et la démocratie[34].

Benazir Bhutto s'inscrit dans cette tradition rationaliste de l'Islam modéré et moderne. Dans son livre, *Reconciliation*, elle se penche sur les notions qui fondent la tradition musulmane. Elle conclut que c'est dans l'histoire et non dans la doctrine qu'il faut chercher les racines de la division, mais aussi les germes de la réconciliation ; car si la religion divise les peuples, c'est quand elle devient l'instrument des dictateurs et non parce qu'elle est la justification naturelle de leurs actions. Ainsi, avant la dictature de Zia, la scission chiites/sunnites n'avait pas de retombée politique majeure au Pakistan. Celui-ci fondait davantage son unité sur une orthopraxie sociale, pour reprendre les paroles de Gaborieau[35], que sur les débats doctrinaux.

Les 5 piliers de l'islam

En effet, le sentiment d'appartenance passe avant tout par le rituel, fondement de la tradition musulmane. Ceci est d'autant plus vrai pour le Pakistan qui a fondé son identité, au début du moins, par la négation, par le refus d'appartenir à la communauté des Indiens hindous. Le respect du rituel est la condition d'admission dans la communauté des croyants et est en grande partie commun au sunnisme et au chiisme.

Le respect de ce rituel passe par les piliers (*al-arkân*) de l'Islam, ses fondements qui sont au nombre de cinq.

1. La *shahâda*, la profession de foi : *ashâdu anna lâ ilâha illâ 'llâh wa anna Muhammad rasûlu 'llâh* : 'je crois qu'il n'y a de dieu que Dieu et que Muhammad est son prophète'[36].

---

34 Cf. M. Campanini, *Il pensiero islamico contemporaneo*, il Mulino, Bologna 2005 ; F. Charaffedine, *Culture et idéologie dans le Monde arabe*, L'Harmattan, Paris 1994.

35 Cf. Gaborieau, *Un autre Islam*, cit., p. 91.

36 Les chiites ajoutent : *wa 'Ali al-abdu li-'llâh wa al-warîth li-walî-'llahi* : 'et Ali est le servant de Dieu et l'héritier du messager de Dieu'.

Pour se convertir, il suffit de prononcer la *shahâda* devant des témoins.

2. La *salât*, la prière : cinq prières par jour sont prévues (lever du soleil, midi, après-midi, coucher du soleil, soir) en regardant en direction de la Mecque.

3. La *zakât*, la taxe aumônière. On peut 'purifier' sa richesse en en donnant une partie aux pauvres, auxquels prêter assistance est un devoir des musulmans. La *zakât* est soumise à des règles précises. Au Pakistan, comme en Arabie Saoudite et dans plusieurs pays musulmans, c'est une taxe réglée à l'état depuis le régime de Zia. Même Benazir, dans son programme du PPP pour les élections 2008, prévoyait de la garder. La *zakât* est différente de la *saDaqa*, aumône volontaire à laquelle chaque musulman est invité, mais sans obligation. *Zakât* et *saDaqa* sont proportionnelles aux possibilités de chacun et prennent tout leur sens dans le système de la finance islamique, qui est très différent du système financier européen et américain contemporain[37] et que le Pakistan de Zia fut le premier à adopter comme système exclusif de tout autre.

4. Le *sawm*, le jeûne du mois de *ramadân*.5. Le *hadjdj*, le pèlerinage à la Mecque, à faire au moins une fois dans sa vie si on en a les moyens[38].

Les Chiites

Dans cette perspective, les chî'ites aussi pourraient se définir *ahl al-sunna*, car eux aussi se basent sur la tradition et sur les cinq piliers. En effet, s'il est vrai que des différences de doctrine existent[39], la différence principale est plutôt une différence

---

37 Cf. *infra* l'encadré sur la finance islamique.

38 Car un voyage à la Mecque coûte cher. Comme substitutions possibles prévues pour les moins aisés : plusieurs voyages à d'autres lieux saints de l'Islam, comme Kairouan en Tunisie ou Mulay Idriss au Maroc. Aujourd'hui cependant le pèlerinage de la Mecque connaît un succès croissant : fin décembre 2006, 2,4 millions de fidèles, dont la moitié de femmes et 70% d'étrangers de 187 nationalités, se sont rendus à la Mecque. Depuis 1988, l'Arabie Saoudite détermine des quotas et impose l'obtention d'un visa coûteux, ce qui fait de cette migration religieuse saisonnière – 10 jours à 3 semaines, 10 millions de visiteurs par an – un phénomène organisé et contrôlé par l'État dont le chiffre d'affaires est estimé à 4 milliards de dollars.

39 Cf. par exemple L. Capezzone – M. Salati, *L'Islam Sciita*, Edizioni Lavoro,

d'attitude, car les chiites attribuent aux califes (ou imâm) une fonction privilégiée dans la transmission et l'exégèse de la tradition et l'application de la *chari'a*, en instituant ainsi un clergé particulièrement préparé en ce domaine et chargé de ces tâches. L'existence d'un clergé officiel a pour premier effet de dévaluer la *idjma'*, et a pour conséquence aussi une plus grande interférence de la religion dans les affaires de l'État, lorsqu'on veut fonder celui-ci sur la loi islamique. Les chiites sont une communauté forte au Pakistan, qui, pays musulman non arabe, est depuis toujours l'ami de l'Iran. Benazir, née de mère chiite et de père sunnite et partisane d'un Islam unitaire dans son message malgré les différences historiques, est bien consciente que cette réalité, dans laquelle les mollahs chiites deviennent les dépositaires de l'exégèse et les seuls responsables du *idjma'*, est un obstacle majeur aux réformes sociales au Pakistan[40].

Les écoles juridiques sunnites

Si aujourd'hui, le monde musulman se présente divisé principalement en deux courants, sunnisme et chiisme, c'est surtout que chacun de ces courant a pris une configuration politique précise et spécifique en s'incarnant par excellence dans deux pays, l'Iran chiite et l'Arabie Saoudite sunnite.

Mais au cours de quatorze siècles d'histoire, sunnisme et chiisme se sont divisés en plusieurs écoles juridiques et c'est cela qui, associé aux différences ethniques et sociales qui ont fini par les accompagner, fait leur variété et nous fait parler, en géopolitique, des « islams » au pluriel.

Il y a en effet dans l'Islam historique autant de diversité que dans les autres grandes religions notamment le Christianisme. Les rapports seraient plus faciles, entre Islam et Occident ainsi qu'au sein des pays musulmans, si on savait tenir compte de cette variété historique et géographique, plutôt que de parler toujours de l'Islam comme d'un bloc – de même pour l'Occident judéo-chrétien qui est beaucoup plus varié qu'on ne l'admet d'habitude. C'est une des grandes erreurs de la théorie du choc des civilisations.

Roma 2006, et la bibliographie qu'elle contient.
40 Cf. Bhutto, *Reconciliation, cit.*, p. 74-75 et *infra* chap. 9.

Parmi les sunnites, quatre écoles juridiques se sont développées dans l'histoire :

- La première école juridique est l'école hanéfite dite de la libre opinion (*ra'y*), du nom de son fondateur, le persan Abu Hanîfa (mort en 767). Sceptique à l'égard des *ahadîth*, il faisait de l'estimation personnelle, l'*istihsân*, une source de sa jurisprudence[41]. L'école hanéfite s'est répandue en Afghanistan, au Pakistan, en Inde, en Chine et dans les pays de l'ex-URSS. Rapidement qualifiée d'école des non arabes, c'était l'école officielle de l'Empire Ottoman, qui pendant des siècles a incarné l'Islam politique en Europe comme dans le monde.

- La seconde école juridique, du point de vue chronologique, est l'école malékite. L'école malékite est connue comme l'école du *hadîth*. Mâlik Ibn Anas, son fondateur (mort en 795), était un juge de Médine, ville à laquelle cette école est structurellement liée, car à la différence des trois autres écoles sunnites, elle utilise comme source du droit islamique (*fiqh*), outre les quatre canoniques, les pratiques des habitants de la ville de Médine, héritiers vivants de la véritable *sunna*, c'est-à-dire des mœurs pratiquées par le prophète et ses compagnons de leur vivant. Cette école eut vite la préférence de l'Afrique du Nord-Ouest et de l'Espagne à son époque musulmane.

- La troisième école est l'école chaféite, du nom de son fondateur Al-Châfi'i, né en 767 à Gaza et mort en 824 au Caire. Châfi'i tente de concilier *hadîth* et raisonnement individuel. Le chaféisme se répand en Syrie, en Irak, en Égypte, au Khorasan, sur les côtes de la Somalie et les côtes occidentales de l'Afrique, en Arabie. Les Kurdes sont chaféites. Les Comores, l'Indonésie, la Malaisie ont adopté l'école chaféite[42].

- La quatrième école, l'école hanbalite, est célèbre par la personnalité de son fondateur, Ibn Hanbal. On peut voir ici le premier épisode d'un conflit entre rationalistes et modernistes, entre dogmatistes et conservateurs qui s'est ensuite réveillé dans les années 20 du XXème siècle et qui dure encore aujourd'hui[43].

---

41 En revanche il se montrait fort sévère quant à l'authenticité des *hadîth*.

42 Un des plus éminents jurisconsultes musulmans de la fin du XIème siècle, Al Ghazâli – l'Algazel des Latins – est un juriste de l'école chaféite.

43 Cf. *infra* chap. 3.

En 827 le calife abbasside Al-Ma'mûn (813-833), fondateur de la Bayt al-Hikma, (le grand centre d'études de Bagdad célèbre dans le monde entier, qui encourageait la philosophie grecque et la théologie rationaliste qu'était le *kalâm* des théologiens philosophes appelés mutazilites[44]), fait proclamer comme doctrine d'État le dogme mutazilite de la création du Coran, alors que dans la tradition orthodoxe musulmane, qu'elle soit sunnite ou chiite, le Coran coexiste à Dieu et descend du ciel pour se donner à Muhammad. Le jurisconsulte Ahmad Hanbal, chef de l'opposition conservatrice, refuse d'obéir à Al-Ma'mûn et à ses successeurs. Il est arrêté et emprisonné. L'inquisition mutazilite continue encore quelques années, mais lorsque peu d'années plus tard une réaction sunnite orthodoxe vigoureuse intervient, Ibn Hanbal est réhabilité et son école se diffuse.

L'école hanbalite est essentiellement l'école religieuse du sunnisme et accessoirement une école juridique. Le hanbalisme est constitutif de la culture musulmane. Ainsi tel docteur peut être chaféite en matière de droit positif et hanbalite en matière de fondements de la religion. L'école hanbalite est la seule à être pleinement attachée aux traditions du Prophète, dans tous les domaines. Ahmad Ibn Hanbal insistait sur le fait que toutes les règles juridiques sans exception n'avaient besoin, pour fonder leur autorité, que de la révélation du Coran et de la pratique ou de l'exemple du Prophète. Si l'école hanbalite n'a pas réussi à s'imposer sur un territoire étendu, comme les autres écoles, en revanche elle a toujours eu des partisans nombreux dans tout le monde musulman. Le mouvement wahhabite, au XVIIIème siècle, lui redonna du prestige.

L'Arabie Saoudite a fait du hanbalisme/wahhabisme sa religion d'état et par conséquent la forme d'Islam de référence du monde sunnite[45].

---

44 Ces « dissidents » de l'Islam essayaient de concilier la raison et la foi. Ils utilisaient des arguments rationnels pour défendre l'Islam. Cette théologie posait des questions à la raison du croyant musulman, sur la compatibilité entre l'unité divine et les multiples attributs de Dieu dans le Coran, sur la justice divine, sur le libre-arbitre, sur le Coran éternel ou créé, sur la foi sans les actes.

45 Alors que les Ottomans étaient hanéfites. Le Pakistan voudrait représenter un nouveau modèle religieux et politique, ce qui est réalisable en politique, plus difficile en religion.

Les courants chiites

Il existe également plusieurs courants au sein du chiisme. Aujourd'hui environ 10% des musulmans sont chiites (20% pour le Pakistan). Les Chiites ont traditionnellement une démarche plus mystique et attentive au sens caché des versets du Coran, dont ils acceptent un corpus légèrement différent de celui du sunnisme. Ils possèdent un clergé et, surtout, un culte des saints qui est difficilement concevable pour un sunnite. Par sa mère Benazir connaissait bien ces traditions : une fois élue Premier Ministre, elle ne manqua pas d'aller prier sur la tombe des saints les plus célèbres au Pakistan et était à l'aise en traitant avec les mollahs, ce qui lui attira bon nombre de critiques occidentales, mais qui est tout à fait compréhensible dans la société pakistanaise[46].

- 80% des chiites professent le chiisme <u>duodécimain</u>, c'est-à-dire qu'ils croient que la succession s'est interrompue au douzième imam et ils vivent dans l'attente du retour de l'imam caché. Ils sont majoritaires en Azerbaïdjan, Bahreïn, Irak et Liban. C'est la religion officielle de l'Iran depuis la révolution islamique de 1979.

Pour le reste, on compte quatre autres courants :

- Les <u>Ismaéliens</u>, du nom d'Ismaël, le fils du sixième imam, qui serait le véritable successeur du prophète. Les Ismaéliens vivent surtout en Inde et au Pakistan, mais aussi en Syrie et au Yémen. Ils se partagent en deux grandes communautés : les <u>Bohras</u> et les <u>nizârites</u> dont le chef spirituel est l'Aga Khan[47].

- Les <u>'Alaouites</u>. Au pouvoir en Syrie, car toute la famille d'Assad et les cadres de l'état sont alaouites. Dans ce pays ils représentent 10% de la population (plus que les chrétiens). Il y a aussi une communauté alaouite en Turquie[48].

---

46 Cf. L. Gourret, *Benazir, l'inverse du voile*, Denoël, Paris 1997.

47 On trouve aussi en Syrie et au Liban les <u>Druzes</u>, membres d'une secte initiatique dérivée de l'ismaélisme fatimide, mais aujourd'hui sortis de l'Islam orthodoxe et du Chiisme.

48 On voudrait attribuer aux alaouites une doctrine triadique d'influence néoplatonicienne (et chrétienne), 1. le *Ma'nâ* (essence divine) ; 2. le *Ism* (Verbe qui révèle le *Ma'nâ*) ; 3. le *bâb*, le *Ism* et le *bâb* étant des hypostases du *Ma'nâ*. En réalité, la secte a été capable de garder le secret et la doctrine est réservée aux initiés : on en sait très peu.

- Les <u>Alevis</u>. Surtout en Turquie. C'est un Islam intérieur, sans obligations de rituel (pas de ramadan, pas de prière quotidienne, pas de pèlerinage) et pour cela très compatible avec l'idée d'un état laïc. On comprend bien pourquoi en 1923 beaucoup d'Alevis ont soutenu Atatürk dans ses réformes. Mais durant les années 50-90, la majorité sunnite dans les structures religieuses de l'État ne leur a pas permis d'obtenir une reconnaissance officielle.

- Les <u>Zaydites</u> reconnaissent Zayd ben 'Ali comme cinquième et dernier imam, contre les Ismaéliens qui lui ont préféré son frère. Pour les Zaydites, qui rejettent la notion d'imam caché, n'importe qui peut devenir imam du moment qu'il descend d'Ali et qu'il en a la capacité. A part cela, en théologie et en droit ils sont en fait très proches des sunnites. Le principal élément doctrinal qui les en sépare est le culte des saints. Les zaydites ne sont plus présents de nos jours que dans le nord du Yémen où ils sont majoritaires.

Les chiites n'ont joué aucun rôle de premier plan dans la vie politique de l'Islam jusqu'au XVIème siècle[49]. On ne peut donc pas proprement dire que la polarisation du monde musulman entre chiites et sunnites soit historique, ni parler d'une hostilité pluri-centenaire entre les deux partis.

Les choses ont changé au XVIème siècle lorsque l'Iran, à l'époque de majorité sunnite, devient chiite sous la dynastie des Safavides. Cette dynastie, d'origine turque, veut marquer par l'adhésion au chiisme sa distinction de l'empire Ottoman sunnite. Après la prise du pouvoir en 1501, les Safavides font appel à des ouléma arabes chiites de l'Irak et du Liban actuels pour mettre en place un clergé[50]. Une configuration propre au chiisme se met peu à peu en place : un clergé autonome par rapport au pouvoir temporel, hiérarchisé sous l'autorité plutôt souple d'un groupe d'ayatollahs appartenant à de grandes familles transnationales où se mêlent Persans, Arabes et Turcs[51].

---

49 A part de brèves exceptions, comme l'empire fatimide d'Egypte, 969-1171.

50 Au XVIIème siècle, un autre événement marquant a encore des conséquences à l'heure actuelle : des ouléma chiites iraniens se réfugient à Nadjat, dans l'Irak actuel, pour fuir une invasion afghane et s'y fixent : ce sont les débuts de la communauté chiite irakienne.

51 En revanche, les savants sunnites ont toujours dépendu des autorités

C'est pourquoi le chiisme, plus que le sunnisme, répond souvent de logiques régionales et ethniques plutôt que nationales et doctrinales. Ce qui est aussi, par ailleurs, un des problèmes les plus enracinés dans les sociétés musulmanes, arabes ou non : il suffit d'observer le cas de l'Irak.

En cela encore, le Pakistan en est un cas exemplaire.

---

politiques. Malgré la mise en place progressive à partir du XIème siècle d'un système de madrasa destiné à garantir l'orthodoxie, jamais ne s'est développé un clergé autonome. Les oulémas sunnites sont plutôt une sorte de corporation professionnelle.

2. L'AUTRE ISLAM D'ASIE

Cette variété doctrinale se reflète tout à fait dans le sous-continent indien, bien que dans une version réduite. Si les Kharidjites ont pratiquement disparu – le terme « kharidjites » est parfois utilisé aujourd'hui par les sunnites modérés pour désigner les partisans islamistes de Maududi[52] – parmi les chiites, les duodécimains et les ismaéliens pénétrèrent profondément les Indes.

Les Ismaéliens du Pakistan sont les héritiers lointains de l'Egypte fatimide, souvent des commerçants hindous convertis, et se divisent dans les deux communautés que l'on a vues : les Bohras dirigés par le Sayyena de Bombay, et les disciples de l'Aga Khan, appelés en Inde Khojas et dont faisait partie Ali Jinnah, le père fondateur du Pakistan[53].

Par rapport à eux se forme une orthodoxie sunnite peu soucieuse des controverses doctrinales et beaucoup plus attentive au droit et à la jurisprudence. Malgré l'amitié séculaire avec l'Iran, autre grand pays musulman non arabe, et avec l'Afghanistan, la majorité des musulmans indiens fut et est sunnite. Des quatre écoles juridiques sunnites qu'on vient de voir, deux ont vraiment marqué les Indes. Le hanafisme, arrivé avec l'Empire Ottoman et fort dans toutes les régions du nord des Indes, est très présent encore aujourd'hui surtout sous la forme du marutidisme, un courant qui subordonne la théologie au droit. Minoritaire aujourd'hui, le chaféisme passa par l'Inde pour arriver en Indonésie où il est particulièrement suivi. Les deux autres écoles, malikisme et hanbalisme, ne se fixèrent pas aux Indes, ce qui est intéressant car, comme on l'a expliqué, l'Arabie Saoudite qui fait du wahhabisme, une forme d'hanbalisme, sa religion d'état, voudrait se poser comme le modèle pour tous les sunnites. En fait de jurisprudence, le Pakistan a donc dans son histoire – à savoir, dans

---

52 Cf. *infra* chap. 6.
53 Il y a aussi parmi les chiites ismaélites les Ahmadiyya, qui seront déclarés minorité non musulmane en 1947.

l'histoire de l'Islam indien dont il est parti – les éléments pour se proposer comme un modèle d'Islam alternatif.

Ce n'est que récemment, au XIXème siècle, qu'on a commencé à appeler « wahhabites » (les dotant d'une connotation négative et sans correspondance réelle avec les wahhabites d'Arabie Saoudite), ceux qui suivent les réformes de Sayyind Ahmad et Ismail Sahid sur les dévotions populaires, les coutumes sociales et le *djihad*, et anti-wahhabites ceux qui s'y opposent[54].

Comme le résume très bien un grand spécialiste de l'Islam d'Asie, Denis Matringe : « à la manière de toutes les grandes religions, l'Islam est divers, et cette diversité tient à l'espace – dans ses dimensions géopolitique, sociale et culturelle – et à l'histoire... ce qui est autre en Asie du Sud est la nature même de cette diversité. Un univers arabe (le Coran, l'Islam du prophète, La Mecque) se rencontre avec la Perse et l'Inde »[55].

La langue de l'Islam

L'Islam est déjà profondément nourri de culture grecque et perse, quand il arrive au sous-continent indien, dès le VIIème siècle, et ensuite par vagues successives, durant treize siècles de conquêtes armées et d'échanges commerciaux croissants. Il signifie la rencontre de peuples à l'ancienne tradition multiethnique avec la sensibilité arabe[56], qui finit par devenir peu à peu un élément structurel de la société indienne.

A l'arrivée des Anglais, au XVIIIème siècle, c'est l'empire Moghol qui domine la région depuis le XVème siècle : un grand état musulman où l'Islam était la religion dominante mais qui ne refusait pas la participation hindoue à l'administration. La Grande-Bretagne supplante peu à peu l'empire Moghol et hérite de son unité territoriale, mais aggrave volontairement le décalage social entre les hindous – recrutés massivement dans l'administration et qui en outre deviennent vite anglophones–, et les musulmans – qui

---

54 Cf. Gaborieau, *Un autre Islam*, cit.. Pour la polémique entre rationalistes et dogmatistes en général cf. *infra* chap. 3.

55 D. Matringe, *Islam en débat. Un Islam non arabe : horizons indiens et pakistanais*,Tétraède, Paris 2005, p. 9.

56 Pour l'histoire de l'Islam en Asie, cf. Gaborieau, *Un autre Islam*, cit., et Martinge, *Islam en débat, cit.*

gardent une plus grande distance et se réfugient dans leur tradition et dans leur langue, le persan puis l'hindou. Cette situation sociale créée par les Anglais aura un poids important au moment de l'indépendance et décidera de la Partition.

L'empire Moghol avait en effet permis de construire une culture commune pour hindous et musulmans, fondée sur le persan, *lingua franca* de l'Inde du Nord, et qui survivra à la pression anglaise jusqu'à la révolte des Cipayes en 1857, qui confirme officiellement le contrôle anglais sur la région et la nouvelle politique sociale anglaise.

Dès 1772 en effet, les Anglais avaient fait codifier les différences sectaires, en établissant trois statut juridiques de la personne : le droit sunnite pour la majorité, le droit chiite duodécimain, le droit ismaélien[57]. En 1835, ils décident d'imposer l'anglais comme langue officielle des Indes : les Hindous, déjà anglophones, sont naturellement avantagés : c'est seulement 40 ans plus tard, à la fondation du collège musulman d'Aligarth par Sayyid Ahmad Khan, que l'anglais fut définitivement introduit dans l'éducation traditionnelle musulmane.

Mais l'anglais avait déjà un rival : le « hindi », langue vernaculaire des Indes du nord, qui peu à peu remplaçait le persan dans les cercles littéraires et était encore commune aux deux communautés religieuses, surtout dans la version de l'ourdou, à savoir, une variété de hindi écrit en alphabet arabo-persan. Les Anglais s'appliquèrent à fracturer cette unité linguistique, comme l'explique très bien non sans ironie Gaborieau :

dans le collège de Fort William qu'ils avaient établi à Calcutta dès 1800, les Britanniques, dans un accès de purisme, avaient déjà encouragé la divergence de deux idiomes de cette même langue. Le premier, qui allait devenir l'ourdou, gardait l'alphabet arabe et ses

---

57 Les Anglais avaient substitué les juges régionaux par des fonctionnaires nommés par eux, d'abord venus de Grande-Bretagne, ensuite choisis parmi les colonies mais selon des critères non religieux, et comme la plupart de ces fonctionnaire étaient hindous, il fut vite nécessaire de codifier ce corpus (des juges hindous étaient de plus en plus souvent appelés à juger des cas relevant du droit musulman) : naquit ainsi pour les musulmans l'*Anglo-Muhammad Law*, comme d'autre part le *Anglo-Hindi Law* pour les hindous.

emprunts au vocabulaire arabo-persan : il allait devenir un signe de reconnaissance pour les musulmans, leur langue d'instruction religieuse et leur langue littéraire, et finalement devenir la langue officielle du Pakistan, où il n'est pas l'idiome des autochtones, mais seulement d'une minorité de réfugiés, venus de l'Inde en 1947. Le second, appelé désormais exclusivement hindi, remplace l'alphabet arabe par le sanskrit, et tronque les emprunts de vocabulaire arabo-persan pour le sanskrit ; il allait peu à peu devenir le symbole de l'identité hindoue. La politique linguistique coloniale a favorisé cette crispation identitaire, ce qui n'a pas été sans dommage pour l'Inde indépendante[58].

Même après la Partition de 1947, par ailleurs, dans les années 70, le mouvement de séparation du Bangladesh aura des bases linguistiques très fortes : l'identité du Pakistan en revanche ne se fait pas par la langue[59].

Le Pakistan des origines se présente comme une création très artificielle. Des années après la Partition, il cherche encore son unité et son identité.

Le Pakistan ne représentait pas une unité raciale, l'adhésion aux enseignements de l'Islam devait être l'unique justification de l'existence commune. Le choix de l'ourdou comme langue nationale illustrerait bien cette conception : l'ourdou était la langue de communication des musulmans indiens, mais elle n'était pratiquée par aucun des groupes installés sur ce qui allait constituer le territoire du Pakistan. Car, dès avant 1947, le pays était une véritable mosaïque ethnique et linguistique. L'ourdou était la langue la plus chargée idéologiquement. C'était le parler islamique par excellence car il avait été adopté pendant la colonisation britannique par les oulémas et les clercs pour propager l'Islam[60].

---

58 F. Gaborieau, *Un autre Islam, opacité.* p. 73.
59 Cf. le plan des langues parlées dans la région, *infra* Annexe 2.
60 Cf. Heimann, *Un juif, cit.*, p. 245-246 ; Ch. Jaffrerot (sous la direction de), *Le Pakistan*, Fayard, Paris 2000, p. 235.

L'Islam au Pakistan

Ces vicissitudes culturelles ont fait que l'Islam d'Asie, bien que constitutif de l'histoire de la région, souffre non seulement d'une énorme diversité, mais de grandes divisions et contradictions internes. D'un côté, la Partition du Pakistan a marqué le seul grand moment d'unité des musulmans du sous-continent indien[61]. Mais cette unité n'a pas duré : les rivalités régionales et ethniques ont vite repris le dessus dans la vie sociale et politique du pays[62], le décalage social a été aggravé par la différence entre immigrés et convertis locaux, et toute cette situation déjà épineuse a été volontairement empirée pendant les 11 ans de dictature de Zia[63], qui fit de la diversité doctrinale, surtout entre sunnites et chiites, une arme pour diviser et mieux dominer le pays.

Benazir écrit en 2008 :

Pour ma génération au Pakistan, la différence entre les sectes de l'Islam n'avait pas vraiment de sens [...] l'unité de l'éthique musulmane fut brisée au Pakistan sous le Général Zia [...] La révolution du Schah en Iran en 1979, la dictature militaire de Zia qui a utilisé une version extrémiste du sunnisme pour des buts politiques, et la guerre Iran-Irak dans les années 80 sont des événements historiques clés dépeints comme un affrontement 'sunnisme contre chiisme'. Ils ont instauré un sentiment de menace qui continue d'engendrer peur et intolérance[64].

Car l'Islam, explique Benazir, justement parce qu'il a connu une grande variété dans son histoire, est bienveillant envers la diversité, qu'elle soit interne ou externe. Ou du moins devrait-il l'être, ajoute-t-elle avec regret. Ce décalage entre la véritable doctrine, unitaire mais potentiellement ouverte à plusieurs déclinaisons, notamment juridiques, et la rigidité politique dans laquelle il s'est jusqu'à

---

61 On s'occupe ici bien évidemment surtout des musulmans du Pakistan. Mais les bases idéologiques remontent à avant la Partition de 1947 et sont communes.
62 Cf. Jaffrerot, *Le Pakistan, cit.*
63 Cf. *infra* chap. 6.
64 Cf. Bhutto, *Reconciliation, cit.*, p. 56-57. *Reconciliation* n'a pas été traduit en français. Tous les extraits cités dans cet essai ont donc été traduits par l'auteur.

présent souvent incarné est un problème majeur de l'Islam politique.

Un Pakistan démocrate, musulman bien que non arabe, historiquement multiculturel et multiethnique, pourrait devenir l'exemple qui réhabiliterait l'Islam devant les médias occidentaux, qui en donnent trop souvent une image déformée et infidèle. Cela a toujours été le projet de Bhutto – pour la gloire de l'Islam et de sa famille bien sûr. Depuis sa naissance en 47, le Pakistan a voulu être un état phare dans le monde musulman. Il fut certainement le miroir d'une crise profonde de l'Islam du XXème siècle, de sa recherche de modernité et plus récemment de démocratie, qui est le grand défi des pays musulmans de l'après guerre mondiale et est devenu encore plus pressant aujourd'hui dans l'après guerre froide. Par ailleurs, au Pakistan comme en Inde et au Bangladesh :

les musulmans du sous-continent ne peuvent à aucune étape de leur histoire être envisagés isolément de la société englobante dont il restent partie prenante, même quand ils ont opté à partir de 1947 pour des entités politiques à majorité musulmane, le Pakistan et le Bangladesh, qui se sont même, au fil du temps, proclamées républiques islamiques [...] Tout au long de l'évolution moderne, et plus particulièrement à partir des années 1920 qui virent les grands clivages, il est clair que les fractures ne sont pas seulement entre les communautés, mais aussi à l'intérieur de chacune d'elles, opposant des fondamentalistes partisans d'un état religieux, et des modernistes partisans d'un état laïc pluraliste[65].

Ce qui résume, si l'on veut, toute l'histoire de l'Islam...

---

65 Cf. Gaborieux, *Une autre Asie, cit.*, p. 21.

3. LA RENAISSANCE ISLAMIQUE ET LE DEBAT SUR LA MODERNITE

Au sein de ces différentes écoles juridiques et régionales et à travers l'énorme étendue géographique qu'on peut appeler, plus au moins à juste titre, terre d'Islam, deux tendances se sont consolidées en quasi continuité à travers les siècles, jusqu'à exploser dans la *Nahda*, la grande Renaissance culturelle qui partit d'Egypte dans les années 20 pour investir le monde musulman tout entier. Tendances qui évoluèrent ensuite en idéologies politiques plus ou moins radicales. On appellera « rationalistes/modernistes » ceux qui, conscients de la tradition et de l'histoire, cherchèrent néanmoins depuis le début l'échange interculturel, d'abord avec les Grecs, et le dialogue avec la modernité ; et « dogmatistes/conservateurs » ceux qui, depuis le début, refusèrent toute ouverture et crurent que seul un renfermement total sur la tradition des origines pourrait sauvegarder l'identité culturelle et l'intégrité morale de l'Islam. Ces deux courants, présents depuis l'origine dans la tradition musulmane, réveillés après des siècles de latence par la confrontation violente de la colonisation, se constituèrent au XXème siècle en mouvements politiques.

Malheureusement, le courant dogmatiste/conservateur se prête facilement aux dégénérations qui ont semé la confusion, dans le monde actuel, entre islam et islamisme.

Une tradition de débat

Comme on l'a vu, la communauté musulmane connaît ses premiers conflits assez tôt dans son histoire, et ces différends sont constitutifs de sa fixation en tant que religion historique. La doctrine est à peine formée : en effet, le premier Coran écrit qui nous soit parvenu, exposé aujourd'hui à la bibliothèque royale de Rabat, date de 803. Les Omeyyades ayant conduit toutes les principales guerres de conquête, la deuxième dynastie musulmane, celle des Abbassides, est la première à pouvoir lancer une véritable politique sociale. Elle est en train de s'affirmer et de trouver sa place dans l'univers culturel de l'Antiquité tardive grâce à la création à Bagdad, nouvelle capitale, de la *Bayt-al-Hikma* et grâce à une politique ciblée et calculée de traduction massive des textes de l'Antiquité en arabe[66]. Aussitôt cette rencontre recherchée avec la culture étrangère amène les premiers chocs culturels : c'est l'affrontement entre les mutazilites, partisans d'une théologie rationnelle nourrie de philosophie grecque, et les hanbalites, conservateurs pour lesquels l'intégrité morale de l'islam n'est possible que par le respect strict de la tradition arabe du prophète et le retour à des origines purifiées des influences étrangères corrompues, modernes (Byzance) ou classiques (philosophies et sciences grecques, perses, syriaques) qu'elles soient[67].

Dès lors, l'histoire ne fera que se répéter, bien qu'avec un décalage important entre les communautés musulmanes d'Orient et d'Occident.

Après l'épisode du mutazilisme et du Kalam, le courant rationaliste connaît une longue latence en Orient, jusqu'au XVIIIème siècle : une longue période de silence et de recul appelée aujourd'hui par les historiens : "moyen âge arabe" qui ne commença, pour l'Andalousie et le Maghreb, que trois siècles plus tard, après la mort d'Averroès (1198)[68]. Jusque là, le Maroc et l'Andalousie musulmane furent de grands exemples de dialogue interculturel et de modernité scientifique. C'est ainsi que Al-Andalous, l'Espagne musulmane construit son mythe et, en assurant la transmission des textes majeurs élaborés au Moyen-Orient, en Syrie, en Iran et en Irak, aux Xème-XIème siècles, construit le mythe, comparable à celui en Occident de l'Athènes démocrate et libérale de Périclès au Vème siècle, de l'âge d'or d'un Moyen-Orient pacifié, berceau des sciences et des philosophies

---

66 Cf. D. Gutas, *Greek Thought, Arabic Culture*, Routledge, London-New York 1998.

67 Cf. *supra* chap. 1.

68 Il s'agit, évidemment, d'une généralisation : il est clair qu'il y a eu des exceptions – que l'on pense à Avicenne, pour la Perse, par exemple – mais on parle ici de continuité d'un dialogue entre modernistes/rationalistes et conservateurs/dogmatistes qui ait une retombé sociale et politique et non seulement une portée théorique, ainsi que d'un dialogue des penseurs musulmans avec les autres cultures qui, dans le temps, ont successivement représenté la modernité.

alors que l'Occident plongeait dans l'obscurité d'un Moyen Age sauvage[69].

Pendant toute cette longue période[70], l'Islam, loin d'être isolé économiquement et socialement du monde européen par la Méditerranée, resta pourtant fondamentalement conservateur quant à sa culture. Sa veine dogmatique, incarnée dans le Bagdad du IXème siècle par Hanbal, se taisait aussi, et exception faite de l'expansion rapide de l'école juridique hanbalite, on ne remarquera pas d'autres conflits doctrinaux qui aient eu une telle portée[71].

Le monde musulman, en avance sur les latins dans pratiquement tous les domaines pendant deux siècles au Moyen-Orient – presque six au Maghreb et en Andalousie – dort, trop occupé par ses conflit internes et trop isolé, après le choc de la *Reconquista*, dans l'effort d'affirmer sa force militaire et de défendre ses frontières – l'empire ottoman, le schisme de l'Iran au XVIème siècle, l'empire Moghol en Asie – pour se préoccuper sérieusement de ce qui se passe au-delà de ses frontières à protéger. Ainsi, les intellectuels musulmans se contentent de réfléchir aux données de la tradition et prennent un retard de plus en plus important par rapport à la vie intellectuelle de l'Europe. Il suffit d'un simple exemple : la Turquie ne voit l'avènement de la presse, largement utilisée en Europe depuis le XVIème siècle, qu'au XIXème siècle!

La *Nahda* ou Renaissance islamique

Le réveil du monde musulman à la Modernité passe par le traumatisme colonial.

Ce sont d'abord les officiers de Napoléon, pendant la campagne d'Egypte en 1798, qui ramènent le vent des Lumières et de la

---

69 Et comme chaque culture a son imaginaire et chaque pays ses mythes, nous retrouvons ces clichés chez Benazir, cf. Bhutto, *Reconciliation, cit.*, p. 2, 46, 58.

70 Période qui compta huit siècles pour le Moyen-Orient et l'Asie et cinq siècles pour l'Islam occidental. Une période quoiqu'il en soit plus courte donc que les mille ans du Moyen Âge européen.

71 Bien évidemment on généralise beaucoup, et les spécialistes d'histoire de l'Islam auront beaucoup à ajouter. Il est pourtant vrai qu'il faudra attendre le XXème siècle pour que les conflits entre conservateurs et modernistes soient susceptibles d'affecter l'unité de l'Islam et pour qu'ils gagnent une portée internationale.

Révolution. Au départ des Français, Mohammed Ali, qui avait été impliqué pour assurer le passage, prend le pouvoir et récupère l'entourage européen pour lancer en Egypte un programme d'ouverture et de modernisation : c'est le début d'une période fructueuse d'échanges et de renouvellement culturel, incarnée par quatre générations d'intellectuels éclairés et qui culmina, dans les années 20, par ce grand mouvement de réveil appelé *al-Nahda*, la Renaissance ou Réveil islamique.

On peut considérer l'égyptien Taha Hussein (1889-1973) comme un des pères fondateurs de la *Nahda*, et l'Egypte comme sa terre natale, mais le mouvement rayonna dans tout le monde musulman comme une véritable révolution, et cela malgré deux guerres mondiales qui changèrent profondément la conformation politique du Moyen-Orient et de l'Asie.

La révolution d'Atatürk en 1922 répond à ce climat de changement et de réveil politique. Par ailleurs, en Turquie avec les réforme d'Abdul Madjid en 1839 et l'avènement de la presse d'une manière générale au XIXème siècle, un nouveau dialogue fut lancé entre l'islam sunnite et l'Europe – qui d'ailleurs ne donnèrent pas toujours l'un et l'autre la meilleure image d'eux-mêmes – qui ouvrit en Europe la mode, non encore complètement dépassée semble-t-il, de l'"Orientalisme[72]", et dans le monde musulman une grande curiosité de plus en plus accompagnée par le désir de revendication envers un monde qui voudrait maladroitement dicter ses lois... histoire qui se répète encore aujourd'hui. L'effondrement de l'Empire ottoman après la première guerre mondiale accentuera ce sentiment mais ouvrira aussi définitivement les portes de la modernité à de vastes territoires isolés jusqu'alors par la tenaille des Turcs (en d'autres termes toute l'Europe de l'Est et les Balkans) sans nullement résoudre des conflits qui se réclament de la religion mais qui sont surtout ethniques et sociaux.

Quant au sous-continent indien, la modernité arriva par la Compagnie anglaise des Indes et le choc fut moins brutal au début, car les Anglais remplacèrent lentement et de manière quasiment indolore l'empire Moghol mourant. Le vrai traumatisme fut, pour les musulmans, bien plus tard, lors de la Partition du Pakistan en 1947, un des moments les plus sanglants de l'histoire mondiale

---

72 Cf. E. Saïd, *Orientalisme*, Seuil,Paris 2003.

(500 000 de morts, 15 millions de déplacés), que la diplomatie anglaise, quittant honteusement les lieux après deux siècles de colonialisme, ne fit rien pour éviter[73].

Cette grande tragédie est à l'origine de la conformation géopolitique actuelle de l'Asie du Sud.

La Partition du Pakistan, dont les enjeux sont bien évidemment plus compliqués, ouvre de manière choquante et exemplaire la nouvelle configuration mondiale où, après la deuxième guerre mondiale, l'Islam fait son entrée officielle en politique sous le drapeau des nationalismes[74]. L'un après l'autre, les pays arabes se libèrent des dominations coloniales : Egypte, Syrie, Irak, Libye au Moyen-Orient, Tunisie, Maroc, Algérie au Maghreb, gagnent de manière plus au moins sanglante leur indépendance dans les deux décennies suivant la fin de la guerre – et la création de l'ONU, pendant que le Schah réforme l'Iran dans le sens d'un modèle chiite modéré, moderne et qui aspire à la laïcité.

La réaction conservatrice, après dix siècles d'indolence, ne se fait pas attendre : en 1928, peu après l'effondrement de l'Empire Ottoman, Hassan Ali Banna, contemporain de Taha Hussein, fonde en Egypte la confrérie des "Frères musulmans", dont le programme est très explicite : lutter contre « l'emprise laïque occidentale et l'imitation aveugle du modèle européen ». Ce n'est qu'un des mouvements extrémistes qui naîtront en réaction et en conséquence de la *Nahda*. Celui qui nous intéresse le plus, et qui aura une influence énorme sur l'histoire du Pakistan et sur la politique internationale en générale, est le *Jamaat-e-Islami* fondé par Maududi en 1941 et qui sera, dans le Pakistan indépendant, un parti politique, à l'opposition sous Bhutto et au pouvoir pendant la dictature de Zia[75].

Mais les gouvernements indépendants post-coloniaux ne furent pas un succès. Dans les années 70, alors que les énergies de la *Nahda* étaient depuis longtemps épuisées, l'Islam avait fait l'expérience de la Modernité, avec la Turquie d'Atatürk dès les

---

73 Cf. *infra* chap. 5.

74 Que l'on remarque : 1947, indépendance du Pakistan ; 1948, fondation de l'état d'Israël, qui amena une diaspora aussi grande mais moins sanglante (700 000 personnes entre 1948 et 52), bien que beaucoup plus médiatisée car elle était la directe conséquence de l'histoire d'Europe.

75 Pour Maududi et les mouvement islamistes, cf. *infra* chap. 6.

années 20, avec la Tunisie de Bourguiba dans les années 50, mais aucun des pays musulmans désormais tous indépendants n'avait obtenu un régime démocratique. La déception dégénéra en extrémisme et l'un après l'autre la Syrie (1975, Assad), l'Irak (1979 Saddam Hussein), l'Iran (1979, Khomeiny), le Pakistan (1979, Zia) tombèrent dans la dictature.

Pour le Pakistan, la fin de la dictature sera un accident du destin (Zia meurt dans un accident d'avion) et coïncidera avec l'arrivée sur la scène politique de Benazir Bhutto, première femme ministre d'un pays musulman et premier ministre démocratiquement élu après 11 ans de dictature militaire. Par son énorme ambition de porter au Pakistan, pour la première fois parmi les pays musulmans, la démocratie, elle continue la tradition de dialogue et d'ouverture que nous venons d'esquisser et qu'elle connaissait très bien. En prenant position dans cette histoire, du côté des rationalistes/modernistes, et visant avant tout le mythe dangereux d'un choc des civilisations, elle renomme les deux courants, de manière intéressante, "clashistes" et "réconciliationnistes"[76]. Deux fois au pouvoir, dans les années 80 et 90, et une fois, en 2007, très près de la victoire, l'occasion et le temps lui manqueront à chaque fois pour réaliser son projet, mais aussi la capacité ou la volonté de pousser son rêve de démocratie au-delà du défi personnel...

---

76 Cette nouvelle phase politique et militante d'une polémique ancienne sera l'objet du chapitre 9 et de nos quelques considérations finales.

PARTIE II

LA REPUBLIQUE ISLAMIQUE DU PAKISTAN :
LA DIFFICILE CONSTRUCTION D'UNE IDENTITE NATIONALE

4. LE REVEIL MUSULMAN EN ASIE :
ALI JINNAH ET MUHAMMAD IQBAL

A partir des années 20, en pleine domination britannique, les Indes aussi vivent leur réveil, surtout dans la personne de Mohammed Iqbâl, qui sera l'idéologue du Pakistan musulman avec d'une part Muhammad Asad, juif converti qui assura le dialogue entre le nouveau Pakistan et la toute jeune Organisation des Nations Unies, et Ali Jinnah d'autre part, le père fondateur du Pakistan, qu'il aurait voulu plutôt multiethnique et laïc.

Iqbâl ou le réveil de la raison indienne

Muhammad Iqbâl[77], leader des sunnites modernistes, comme la plupart des intellectuels de sa génération, s'est formé en Occident avant de rentrer au pays avec le bon propos de le réveiller de son sommeil moyenâgeux, d'y ramener la modernité dont il a fait l'expérience en Europe et de lui rendre son antique splendeur.

A Oxford, Iqbâl étudie la philosophie et prépare une thèse sur *Le développement de la philosophie en Perse*, véritable parcours à la découverte de ses origines orientales. Iqbâl, comme toute la classe intellectuelle de la région à cette époque, est de langue persane et écrit en farsi ; plus tard, il écrira aussi en ourdou, la langue de l'Islam.

Son séjour en Europe lui ouvre en effet les yeux sur une modernité inconnue, et de retour en son pays, Iqbâl se propose de « réveiller l'Inde du mysticisme qui l'a rendue aveugle »[78]. Sa production, surtout de la poésie, vite connue aux Indes, est saluée comme messianique. Dans les années 20 Ali Jinnah, le futur

---

77 Cf. L.C. Maître, *Introduction à la pensée d'idyllique*, Seghers, Paris 1955 ; Idem, *M. Iqbâl. Présentation et choix de textes*, Seghers, Paris 1964 ; M. Iqbâl, *Message de l'Orient*, trad. introd. Meyerovitch – Achena, Les Belles Lettres, Paris 1956 ; Idem, Reconstruction *of Religious Thought in Islam*, trad. fr. Maisonneuve, Paris 1955.
78 Cf. Maître, *M. Iqbâl, cit.*, p. 11.

fondateur du Pakistan, écrivait de lui : « sa poésie vivra aussi longtemps que vivra l'Islam ». En effet, Iqbâl catalysa des énergies dispersées et depuis longtemps endormies aux Indes, qui vivaient encore dans une société médiévale au début du XXème siècle, selon des coutumes médiévales, et qui étaient à ses yeux assommées par des siècles de mysticisme hindou et soufi[79]. Dans le discours d'Iqbâl, on reconnaît facilement les échos du marxisme européen, dans une version adaptée à l'histoire sociale d'Asie bien sûr qui, n'ayant pas eu de philosophie des Lumières a besoin de se débarrasser de toute une classe de personnes, et non pas seulement de mener une bataille idéale.

Le matérialisme est une mauvaise arme contre la religion, mais il en est une très efficace contre les mollahs et les soufis qui mystifient délibérément le peuple aux fins d'exploiter son ignorance [...] le bouddhisme, le soufisme persan et les formes d'éthique similaires [...] ne sont pas entièrement inutiles car, après des périodes de grande activité, nous avons besoin de drogues [...] pendant quelque temps[80].

Ce temps est achevé et l'heure est venue, selon Iqbâl, que cette société endormie depuis des siècles par la religion et exploitée par le colonialisme se relève, guidée par une nouvelle classe intellectuelle qui sera musulmane, dotée de conscience historique et capable de prendre en main, enfin, son propre avenir politique[81].

---

[79] On n'en a sans doute assez parlé, mais la religiosité indienne doit beaucoup au mysticisme, et le soufisme a eu un grand succès à côté des écoles juridiques. Il vit par ailleurs aujourd'hui une sorte de renaissance. Cf. Gaborieau, *Un autre Islam, cit.*

[80] Iqbâl, *Discours et Déclarations*, cit. Maître, *M. Iqbâl, cit.*, p. 16.

[81] A travers son étude de la tradition persane, mais aussi des grands auteurs de la philosophie occidentale, Fichte et Hegel, puis Schopenhauer, Nietzsche et Bergson, Iqbâl élabore une philosophie très personnelle. Ses écrits, en persan et en ourdou, révèlent aux Indes une tradition européenne orientale (surtout Schopenhauer) qui leur était inconnue. Les propres écrits d'Iqbâl, traduits seulement en partie, en français et en anglais, sont peu connus. Il serait encore plus intéressant d'en étudier l'influence sur la production philosophique indienne des années 20 et suivantes. Les écrits ont sûrement rapproché les Indes des grands mouvements de pensée d'Occident dont les intellectuels musulmans n'ont emprunté trop souvent que des notions socio-politiques (nation, laïcité) capitales mais complètement déconnectées de leur cadre historique et doctrinal, et pour cela

Vous vous êtes résignés à être les esclaves de l'Occident / c'est à vous que j'en veux, non à l'Occident[82].

Ce réveil à l'indépendance et à la modernité ne signifiait pas, au tout début, une partition sociale et politique entre musulmans et hindous, mais au contraire, une union plus forte qui soit catalysée par les musulmans, mais aboutisse à une société tout simplement libre, sans connotation religieuse structurelle. Au contraire, rien n'est plus étranger à l'esprit d'Iqbâl que la notion de nationalisme musulman et l'idée même de nation, chères en revanche à Jinnah dès le début. Car l'idée de nation, élaborée en Occident dans un cadre politique et culturel complètement inconnu en Orient, est en concurrence avec la société musulmane idéale.

L'amour de la terre natale est un instinct naturel [...] dans les écrits politiques actuels cependant l'idée de nation n'est pas seulement géographique : c'est un principe gouvernant les sociétés humaines et c'est, à ce titre, un concept politique. L'Islam étant aussi une loi qui régit la société humaine, le mot 'pays', lorsque on lui donne un sens politique, entre en conflit avec lui...[83]

Pour Iqbâl, les hommes doivent se battre pour conserver leur culture et non pour la terre. Pas de nationalisme musulman donc. L'islam est un fait religieux et social qui ne peut pas entrer dans des enjeux politiques régionaux, sa seule vocation étant une société universelle et globale, selon la doctrine des origines.

Lorsqu'Iqbâl se rend compte qu'une Inde indépendante unifiée sera hindoue, car elle sera l'héritière de la politique sociale des Anglais qui avaient associé les hindous aux postes de responsabilité de l'administration coloniale, et ne permettra pas l'égalité et la conservation du patrimoine culturel et doctrinal de l'Islam, son attitude change radicalement et, en ouverte contradiction avec sa philosophie juvénile, il devient le partisan d'un Pakistan 'pays des musulmans', non pour faire de l'Islam une

---

vouées à l'échec.
82 Iqbâl, *Le bâton de Moïse*, cit. Maître, *M. Iqbâl. cit.*, p. 142.
83 Iqbâl, cit. Maître, *M. Iqbâl, cit.*, p. 44.

doctrine nationale, mais pour sauvegarder le patrimoine des musulmans indiens, leur donner un état qui conserve leur intégrité et leur identité. Le Pakistan sera un état pour les musulmans, sans trop de contradiction, à ses yeux, avec sa pensée précédente car il sera un état tremplin pour réaliser ensuite une union plus étroite et plus vaste entre tous les pays musulmans, à savoir, enfin, la *Umma*. Le panislamisme d'Iqbâl ne se donne donc pas, à l'origine, un sens politique, mais se veut social au nom d'un principe de solidarité et de fraternité entre musulmans à l'échelle mondiale. Le Pakistan ne sera que l'exemple, historiquement nécessaire, de cette entente sociale définitive où « religion et politique s'associent pour gouverner jusqu'à ne plus se distinguer[84] ».

Dans ce programme, profondément nourri de philosophie occidentale mais que la haine fait facilement virer à l'extrémisme[85], on voit les germes de beaucoup de choses. Une fois associé à une telle base théorique, le projet séculaire de Jinnah ne pouvait que faire naufrage.

Jinnah, père spirituel d'un Pakistan laïc

Bien que considéré, à juste titre, comme le père fondateur de l'état du Pakistan, Ali Jinnah ne visait pas la Partition non plus au début. Fils spirituel, comme tous les intellectuels musulmans indiens de son époque, Iqbâl se plia à la nécessité d'un Pakistan indépendant lorsqu'il réalisa, peu après Iqbâl, que malgré ses

---

84 La remarque de V.S. Naipaul, *Jusqu'au but de la foi*, Firmin-Didot, Paris 2003, p. 346 est intéressante : Iqbâl vient d'une famille convertie récemment, seuls les convertis parlent ainsi.

85 Il est intéressant de constater que si Iqbâl s'est approprié des instrument conceptuels de la pensée occidentale, y compris en matière de philosophie politique, il refuse l'exemple institutionnel européen, alors qu'il admire les USA. Cf. : Iqbâl, *L'appel de la cloche*, cit. Maître, *M. Iqbâl, cit.*, p. 95 : « Les institutions démocratiques/de l'Occident/ne sont que vin vieux/dans bouteilles neuves » ; cf. Iqbâl, *Le Message de l'Orient, cit.*, p. 27 : « parmi les éléments de la culture occidentale, l'Amérique seule semble constituer un élément authentique. La raison en est peut-être que ce pays est libéré des chaînes des anciennes traditions, et que sa conscience collective est susceptible d'accepter facilement de nouvelles influences et de nouvelles idées ». Le Pakistan sera par ailleurs, dès le début, l'ami des USA.

efforts une Inde indépendante unifiée serait hindoue, et ne garantirait pas les droits fondamentaux de la minorité musulmane.

Mais qui était Ali Jinnah, que tous les Pakistanais considèrent encore comme le père fondateur du pays, avec une dévotion filiale des plus émotionnelles[86] ?

Ali Jinnah, avocat à succès dans l'Inde anglaise et représentant parfait de la nouvelle génération musulmane libérale et moderne de la *Nahda*[87], éclipsé dans sa lutte pour l'indépendance des Indes par son contemporain Gandhi, avait prévu dès les années 1910 le départ des Anglais et était fermement persuadé de deux choses :

- qu'une tradition légale séculaire était la condition nécessaire pour la fondation d'un état moderne ;
- que cette nouvelle Inde moderne devait se fonder sur un pacte de collaboration entre musulmans et hindous.

Jinnah consacra toute son énergie à ce rêve d'amitié hindoue-musulmane dans une nation où la religion serait un fait privé[88], avant tout en tant que membre de l'Indian National Congress, qu'il n'abandonna pas quand, en 1913, il rejoignit la Ligue Musulmane. Le travail de médiation qu'il y fit lui y valut le nom de 'Ambassador of Unity' et aboutit en 1916 au 'Lucknow Pact', accord entre l'Indian National Party et la Ligue Musulmane pour un affranchissement progressif des Indes du contrôle anglais, au nom de l'autodétermination des peuples et selon un projet qui fut présenté au vice-roi par des représentants hindous et musulmans en pleine harmonie. Mais l'autodétermination des peuples[89] professée par Jinnah était le fruit d'une histoire politique et philosophique occidentale, dans laquelle, il est vrai, l'Inde pouvait bien sûr s'inscrire grâce à son lien anglais, mais qui lui restait aussi profondément étrangère en ce que la société et la culture indiennes ne pouvaient pas donner au mot 'nation' le même sens que les

---

86 Une de grandes gaffes de Benazir en 1988 fut de remplacer, dès son premier discours à la télévision pakistanaise, le portrait de Jinnah, que le public pakistanais avait l'habitude de voir en fond d'écran, par celui de son père Zulfiqar Ali Bhutto.

87 Cf. Campanini, *Il pensiero, cit.*

88 Comme il le dira dans son discours d'ouverture à l'Assemblée Constituante du Pakistan, discours qui ouvre cet essai cf. *supra, cit.* I. Talbot, *India and Pakistan*, Oxford Un. Press, London-New York 2000.

89 Qui est à nouveau un principe fondateur dans le *Manifesto* PPP 2008, cf. *infra* Annexe 1.

intellectuels européens. Ainsi, la 'nation' indienne envisagée par Jinnah était un concept intellectuel et aristocrate, qui n'était pas partagé par les autres idéologues d'un Pakistan musulman séparé, Iqbâl et Muhammad Asad, et surtout n'était pas évocateur pour la majeure partie de la population.

Jinnah parlait à la classe intellectuelle du pays. Mais les intellectuels ne font pas la révolution tout seuls : c'est le peuple qui fait la révolution.

Gandhi, à la différence d'Iqbâl, parlait au peuple. Avocat à succès lui aussi, rentré en Inde en 1915, il avait rapidement pris la tête du National Congress et par son message de liberté et de non-violence, il avait justement mobilisé la masse illettrée ou faiblement lettrée qui ne pouvait pas être sensible aux appels de Jinnah, et qui était extrêmement nombreuse. Cette masse était hindoue, et le message de non-violence de Gandhi, clairement anticolonialiste, était fortement inspiré de la sensibilité hindoue.

Ce n'est pas le lieu ici de parcourir dans le détail les événements politiques de ces années, le rôle de Gandhi dans l'indépendance de l'Inde ni l'histoire de ses rapports avec Jinnah. Ce qui nous intéresse, c'est que le programme de Gandhi fut, pour ces raisons entre autres, plus célèbre, plus médiatisé et finalement, historiquement gagnant[90]. Déjà déçu par le tournant que les choses avaient pris après la première guerre mondiale[91], et malgré les efforts de dialogue entre le National Congress et la Ligue Musulmane, Jinnah vit le nationalisme hindou prendre peu à peu les rênes de la lutte pour l'indépendance, et à la fin des années 20, déçu et fatigué, il abandonna la vie politique pour se retirer en Angleterre. Son rêve d'une nation indienne moderne, unie[92] et indépendante, basée sur le pluralisme et l'égalitarisme religieux et social avait été définitivement dépassé par les événements.

---

[90] Pour une comparaison entre Jinnah et Gandhi cf. L. Ziring (2005), *Pakistan – at the crosscurrent of History*, Oneword Oxford, Oxford 2005, p. 3 et suivantes.

[91] Les Anglais, de leur côté, ne respectèrent pas les accords de 1916 et nièrent les libertés promises aux soldats indiens en échange de leur engagement pendant la guerre (Rowlatt Act 1919) .

[92] Gandhi n'était pas contre cette idée et lui et Nehru s'opposeront à la Partition, mais l'Inde de Gandhi était pensée par et pour des hindous et ne donnerait pas une place égale aux musulmans.

5. LE DRAME DE LA PARTITION : ISLAM ET IDENTITE

Plusieurs études, surtout en langue anglaise, présentent la Partition du Pakistan musulman de l'Inde hindoue comme l'évolution naturelle, sous la bénédiction de la Grande-Bretagne, des pays du sous-continent indien vers l'indépendance et la modernité, dans le nouveau cadre mondial qui après la seconde guerre mondiale vit dans les années 50 l'effondrement des grands empires coloniaux et la naissance des nouveaux états musulmans.

Violences et diaspora

En réalité, la Partition du Pakistan en 1947 fut un fait d'une violence inouïe et rarement avouée. La Partition signifia, en 1947, 500 000 morts et 15 millions de réfugiés sur une population totale de 400 millions de personnes du sous-continent indien, ce qui traduit mal la densité réelle des tuerie car les pires atrocité furent toutes commises le long de la nouvelle frontière indo-pakistanaise, surtout au Pendjab où commença un véritable nettoyage ethnique[93]. Les tensions religieuses et ethniques, alimentées et contrôlées pendant des décennies par l'administration coloniale anglaise, furent catalysées par cette même administration qui, lorsqu'elle se rendit compte – assez tôt par exemple par rapport à la France –

---

93 Juste pour encadrer ces chiffres parmi des événements que les médias ne manquent pas de sortir aujourd'hui à toute occasion : le génocide des Arméniens entre 1915 et 1918 a coûté la vie en Arménie à 500 000 personnes environ ; la première guerre israélo-palestinienne suite à la création d'Israël en 1948 (un ans après la Partition du Pakistan) a coûté la vie à 5 700 israéliens (pas de chiffres connus pour les palestiniens), avec un exode de population de 750 000 palestiniens et 350000 juifs en 1948-49 ; les attentats du 11 septembre ont causé la mort de 3 000 personnes à New York. Cependant, pour revenir à la Partition du Pakistan, une grande majorité de musulmans resta en terre indienne, ce qui ne cesse de produire des affrontements sanglants : on citera l'épisode de la mosquée Ayadhya en 1993, les attentats de Mumbai en 2008.

qu'une époque de décolonisation était inévitable, préféra laisser que son départ soit marqué par des explosions de violence, à signifier aux yeux du monde entier l'écart entre le calme de la *pax britannica* et l'incapacité du gouvernement post-colonial à gérer le désordre.

En effet, pendant toutes les négociations qui précédèrent l'indépendance des Indes et la Partition du Pakistan, la Grande-Bretagne prit comme interlocuteur la seule Inde de Gandhi, aux dépens de sa propre image, et ignora, voire sabota le projet de Jinnah. C'est seulement après la Partition que la Grande-Bretagne commença à traiter avec le Pakistan de Jinnah comme avec l'État souverain qu'il était désormais ; c'est-à-dire lorsqu'elle considéra que les violences de la Partition, la diaspora des deux communautés et la situation misérable dans laquelle se trouvait la population civile des deux côtés après la Partition avaient suffisamment prouvé que la domination anglaise avait porté la paix dans une région déchaînée entre rivalités ethniques et haine religieuse, et qu'avec le départ des Anglais cette paix était perdue.

Naissance du Pakistan

De la Partition de l'Inde britannique naît donc le Pakistan le 14 août 1947, acronyme des 5 provinces qui le composent : Pendjab, Afghania (l'actuelle 'Province frontalière du Nord-Ouest'), Kashmir, Sind et Baloutchistan, mais aussi : « pays des purs » en ourdou.

Jusqu'à cette date, le sous-continent indien avait profité d'une unité pluri-séculaire, d'abord sous l'empire Moghol, ensuite sous le contrôle de la Grande-Bretagne. Economiquement et politiquement présente dans le sous-continent indien depuis 1765 par le biais de la Compagnie des Indes Orientales, la Grande-Bretagne remplace progressivement l'empire Moghol dont elle se fait d'abord vassale, et n'exerce directement le pouvoir en Inde qu'à compter de la révolte des Cipayes, les soldats indiens recrutés par l'armée anglaise, en 1857-58, dont la répression a aussi comme résultat la fuite en Birmanie du dernier empereur Moghol. La reine Victoria est alors proclamée impératrice des Indes, la Compagnie des Indes Orientales dissoute, et les Anglais commencent dans le nouvel empire colonial un processus de modernisation accélérée qui dure jusqu'à leur départ imprévu en 1947[94].

Par un apparat étatique fortement centralisé et autoritaire, les Anglais réussirent à conserver pendant un siècle, de plus dans un état relativement pacifique, ce creuset d'ethnies, de langues et de religions qu'avaient toujours été les Indes, et qui explosa, ou plutôt qu'on laissa exploser, après la Partition[95].

La fracture la plus évidente était bien sûr religieuse.

En 1885, et sous la bénédiction des Anglais, naît le parti du Congrès, qui représentait aussi bien hindous que musulmans selon un principe de laïcité ; en réaction, pour préserver les droits de la minorité musulmane, la Ligue Musulmane (All-India Muslim League) est créée en 1906.

La première référence officielle[96] à la création d'un état musulman indépendant par Muhammad Iqbâl date de 1930, à la conférence annuelle de la Ligue Musulmane, à Allahabad.

Iqbâl, qui initialement, pour les raisons qu'on a vues[97], ne voyait pas lui non plus la nécessité d'une Partition, ne partageait plus depuis longtemps les propos d'unité de Jinnah. Son discours était simple : les musulmans avaient souffert de la chute de l'empire Moghol au XIXème siècle et la domination anglaise avait privilégié les hindous, les avait fait profiter d'une éducation et de positions sociales privilégiées, et les avait laissé s'organiser en force politique. Les musulmans, en refusant de suivre l'exemple hindou dans son intégration au régime colonial, avaient perdu leur place dans la société et au XXème siècle la distance entre les deux communautés était si grande, que l'insistance de Jinnah pour une Inde unie risquait plutôt de dégénérer en guerre civile. De son côté, Iqbâl proposait la création d'un état musulman séparé, composé du Pendjab, de la Province frontalière du Nord-Ouest, du Sind et du Baloutchistan : la seule formule, selon Iqbâl, pour obtenir à la fois l'indépendance et la paix.

---

94 Un siècle environ de domination anglaise directe donnera aux Indes des structures politiques et économiques fortes et centralisées qui la marqueront à jamais.
95 Cf. Gaborieau, *Un Autre Islam*, cit.
96 Pour les prédécesseurs, cf. Ziring, Pakistan, cit.
97 Cf. *supra* chap. 2.1.

Cette proposition d'un état musulman, mais qui réunissait trop d'éléments hétérogènes, ne paraissait pas réalisable à Jinnah, d'autant plus que des musulmans vivaient également dans le reste de l'Inde[98].

Mais Iqbâl avait des disciples plus fidèles que Jinnah et ce qu'Iqbâl ne réussit pas à obtenir en 1930, fut obtenu trois ans plus tard par Liaqat Ali Khan, jeune avocat indo-britannique comme Jinnah et nouveau leader de la Ligue Musulmane. En 1933, Liaqat alla voir Jinnah à Londres et le persuada que les musulmans d'Inde avaient maintenant besoin d'un leader et que ce leader ne pouvait être que Jinnah.

Quand Jinnah revint au pays, ses derniers espoirs d'une Inde unie tombèrent rapidement sous les émeutes intestines des années 30. De 'Ambassador of Unity', Jinnah était désormais appelé 'Qaid-i-Azam', c'est-à-dire Grand Guide de tous les musulmans contre la tyrannie hindoue.

En 1933, l'année même du retour de Jinnah en Inde, Rehmat Ali, étudiant en droit en Angleterre, avait inventé le nom PAKISTAN et fondé le Mouvement National Pakistanais. En 1940, déjà en pleine guerre mondiale, il écrit un pamphlet intitulé *The Millat of Islam and the Menace of Indianism*, qui appelait à la création d'un Commonwealth pakistanais. Au congrès suivant de la Ligue Musulmane, à Lahore en 1940, les leaders des principales provinces à majorité musulmane, le Pendjab, le Bengale et l'Assam, se joignirent à Jinnah[99], qui exposa au congrès avec Faizlul Huq, déjà connu comme 'le tigre du Bengale', la proposition d'un état musulman indépendant appelé Pakistan. C'est le 'discours de Lahore', qui marque un tournant décisif et un point de non-retour dans le mouvement pour le Pakistan.

Les choses en étaient à ce point au Pakistan tandis que la deuxième guerre mondiale ravageait le monde.

La guerre ne fit qu'alimenter les nationalismes indiens. Gandhi et le Congrès lancèrent le mouvement Quit India *(Quittez l'Inde)*. La Ligue Musulmane ne s'y associa pas formellement, et pendant tout le conflit, Jinnah et ses collègues n'arrêtèrent pas de plaider la

---

98 En cela, Jinnah a été prophète : ce problème jamais réglé a explosé au XXIème siècle, notamment en 2008 par les attentats de Mumbay en décembre 2008.

99 Iqbâl était mort en 1937.

cause de la création du Pakistan. Le gouvernement britannique de son côté avait besoin de la coopération indienne. Mais cela ne l'empêcha pas de réprimer dans le sang le mouvement de désobéissance civile de Gandhi.

Mouvements nationalistes, violences ethniques et une famine catastrophique en 1943 : à la fin de la guerre, l'Inde est prostrée mais invoque toujours l'indépendance et est devenue ingérable. L'Angleterre se décide enfin à quitter le pays.

Aux élections de 1946, la Ligue Musulmane remporte la plupart des circonscriptions musulmanes. Malgré l'opposition de Nehru et de Gandhi, l'Angleterre se plie à la Partition et le 15 août 1947 l'Indian Independence Act remet la souveraineté séparément à l'Inde et au nouvel État du Pakistan, deux pays indépendants, membres du Commonwealth.

Le Pakistan se trouve géographiquement divisé en deux régions, séparées par presque 2000 km de territoire indien : le Pakistan occidental composé du Sind, du Pendjab occidental, du Baloutchistan et des provinces frontalières du Nord-Ouest, et le Pakistan oriental, qui en 1973 deviendra le Bangladesh.

Origines de la question du Cachemire

Au lendemain de la Partition, plus de six millions de musulmans indiens s'étaient réfugiés au Pakistan alors qu'un nombre approximativement égal d'hindous et de sikhs avaient quitté le Pendjab pour l'Inde, un déplacement gigantesque de populations, comparable à la diaspora pour Israël l'année suivante, qui fut accompagné par des massacres d'une violence inouïe.

Mais ni la Partition ni les massacres ni les exodes qui s'ensuivirent n'avaient résolu tous les conflits. Dans le petit état du Jammu et Cachemire, le Maharajah (hindou) avait obtenu des Anglais de garder son autorité sur une population à majorité musulmane. Préoccupé par les incursions de tribus pathanes venues du Pakistan et surtout par le fait que ces dernières avaient le soutien d'une bonne partie de la population musulmane locale, le maharajah demande l'aide de l'armée indienne puis décide de se rattacher à l'Inde. Le Pakistan ne supporte pas de voir un territoire à 78% musulman tomber à nouveau sous la domination hindoue : les conflits s'enchaînent et seul un cessez-le feu négocié par l'ONU met fin aux affrontements en janvier 1949. Les deux états adoptent comme frontière une ligne de démarcation temporaire, la Line of Control (LOC) : deux tiers du Cachemire sont fédérés à l'Inde et forment l'état de Jammu et Cachemire (capitale Srinagar), le dernier tiers, le Cachemire libre (Azad Cachemire, capitale Muzaffarabad) est administré par le Pakistan, de même que les Territoires du Nord (capitale Gilgit).

Ainsi, dès les premières années qui suivirent la Partition, le Cachemire devint le symbole de l'irrédentisme à la fois indien et pakistanais.

Bien que très malade, Jinnah devient Gouverneur général du Pakistan, et Liaqat Ali Khan son Premier ministre. Mais le Gouverneur était encore une figure coloniale. En effet, Jinnah était le représentant permanent du roi d'Angleterre, George VI, selon le Government of India Act de 1935 qui devait rester en vigueur jusqu'à la mise en place de la nouvelle constitution. Ce qui n'adviendra qu'une dizaine d'années plus tard, en 1956. Mais durant ces dix années l'esprit du Pakistan changera encore énormément.

Islam et nationalismes

A la mort de Jinnah, un an seulement après l'indépendance, en septembre 1948, dans un contexte international marqué par la fondation d'Israël, le premier ministre Liaqat Ali Khan se trouve dans une situation bien délicate. Bien que le Pakistan soit un pays musulman voulu par des musulmans pour les musulmans, Jinnah n'avait pas renoncé à son idée d'état laïc et avait bien pris soin que rien dans les institutions du nouvel état ne se réclame directement de la religion musulmane. La nouvelle nation s'identifiait ainsi totalement à son père fondateur, d'autant plus que, pour que ce jeune Pakistan à l'identité encore incertaine survive, Jinnah avait fait du titre de Gouverneur général une institution centralisée et très autoritaire, et n'avait rien délégué de ses pouvoirs. L"expérience' Pakistan était encore trop strictement liée à son père et le père n'avait pas désigné son héritier.

C'est pourquoi Liaqat préfère ne pas assumer le titre de Gouverneur, mais reste Premier Ministre et amplifie le seul aspect du Pakistan qui pouvait lui donner une identité nationale : l'Islam.

Ainsi, seulement deux ans après sa fondation et moins d'un an après la mort de Jinnah, le Pakistan se prépare à devenir *la* république musulmane modèle. Les *Résolutions Objectives* de 1949 envisagent une constitution fondée sur l'Islam. En 1951 Liaqat est assassiné. Les gouverneurs successifs, Khawaya Nazimuddin et Ghulam Muhammad, de la Ligue Musulmane, accentuent la tendance islamique et en 1956, année d'entrée en vigueur de la première Constitution, Iskander Mirza, du nouveau Parti Républicain, gouverneur depuis 1955, devient le premier Président de la 'République Islamique du Pakistan'.

Si les années 50 sont les années de l'affranchissement définitif du Pakistan par sa première Constitution d'état indépendant, d'autres troubles se préparent.

Le début des années 50 voit en effet la montée du nationalisme bengali, né officiellement en février 1952, sous la forme du Bengali Language Mouvement, mais en réalité latent depuis la Partition[100]. Cette situation était compliquée dans le Pakistan Oriental par la géographie même du nouvel état, car presque 2 000 km en territoire indien séparaient la province orientale de la capitale, Karachi. D'énormes troubles éclatent. Mirza, croyant pouvoir gérer cette situation par l'intervention de l'armée, se tourne vers le général Muhammad Ayub Khan, commandant en chef des forces armées. Le 8 octobre 1958, Mirza abroge la Constitution et proclame la loi martiale.

Mais les conséquences de son action le dépassent. Vingt jours plus tard, les militaires contraignent le président Mirza à l'exil et le général Muhammad Ayub Khan prend le contrôle de la dictature militaire.

Des réformes importantes sont lancées sous Ayub Khan : réforme agraires et économiques, réformes sociales et, en 1962,

---

100 Si en effet Jinnah avait cherché à conserver l'esprit laïc du nouvel état du Pakistan, il n'avait pas pour autant pu trouver une formule pour gérer les énormes différences culturelles de sa population : qu'il s'agisse de différences religieuses – musulmans et hindous, mais aussi chrétiens et sikhs –, ou de différences ethniques : Penjabis, Pashtuns, Sindhis, Baloutchis, et les réfugiés indiens. Ainsi, quand ses successeurs se trouvèrent à devoir construire une identité pakistanaise unitaire, il regardèrent vers l'Islam, mais aussi vers la langue qui le représentait le mieux : l'ourdou. Même si cette langue n'était pas à l'origine la langue de la majorité des habitants du Pakistan, elle était la langue de la plupart des musulmans réfugiés d'Inde qui avaient constitué les cadres de l'état.

une nouvelle Constitution qui institue le bengali comme langue officielle aux côtés de l'ourdou. Islamabad devient la capitale nationale et Daca, au Pakistan oriental, la capitale législative.

Les années 60 sont encore des années de grands troubles, en politique interne et externe. Pendant que les relations avec l'Inde se dégradent jusqu'à exploser dans une deuxième guerre pour le Cachemire en 1965, entre 1961 et 1963, les rapports avec l'Afghanistan se compliquent aussi, après une série d'incidents frontaliers, attisés par l'URSS qui souhaite la création d'un Pashtunistan indépendant sous influence soviétique.

Bhutto et la naissance du Parti du Peuple Pakistanais

Lorsqu'en 1966 Ayub Khan s'accorde avec le Premier Ministre de l'Inde pour un cessez-le-feu, sans vraiment résoudre le problème du Cachemire, son ministre des Affaires étrangères, Zulfiqar Ali Bhutto, démissionne de son poste.

Quelques mois plus tard, en 1967, il fonde un nouveau parti inspiré du socialisme. Au slogan de 'bread, clothing and shelter', il veut représenter tous les pauvres du Pakistan, réclame des réformes démocratiques, et bien qu'évitant toute référence théologique au nom d'une foi marxiste déclarée, se propose de sauvegarder l'héritage culturel du pays, héritage bien évidemment musulman. Le Parti du peuple pakistanais, PPP, est né[101].

C'est aussi le début de l'ascension politique de la famille Bhutto.

Pour accéder au pouvoir, Bhutto profite encore des désordres internes et du conflit toujours irrésolu avec l'Inde. Suite à de nouvelles émeutes, en mars 1969, le président Ayub Khan démissionne et passe le pouvoir au général Muhammad Yahya Khan qui décrète à nouveau la loi martiale. Cela ne suffit pas pour calmer le nationalisme bengali qui trouve désormais le soutien de l'Inde. En 1970 la Ligue Awami pour l'indépendance du Pakistan Oriental gagne les élections dans la région, alors que le PPP de Bhutto domine le reste de l'Assemblée. Yahya annule les résultats

---

101 Sur l'histoire du PPP, de sa fondation à sa victoire en 2008, cf. C. Di Martino, *L'autre Pakistan : le projet démocratique du Parti du Peuple*, *Enjeux Diplomatiques et stratégiques* 2008, CEDS éd., Paris 2009.

des élections, accuse la Ligue Awami de trahison et fait incarcérer son leader au Pakistan Occidental. Lorsque, en réponse, le Pakistan oriental déclare son indépendance, le 26 mars 1971, l'armée pakistanaise occupe la région et la guerre civile éclate, l'Inde soutenant le Bangladesh où elle envoie des troupes en décembre. On est en 1971. C'est la troisième guerre indo-pakistanaise, qui dure 15 jours : en conséquence du cessez-le-feu et des accords de Simla, le leader de la Ligue Awani rentre au Pakistan Oriental. Bien que le Pakistan ne le reconnaisse qu'en 1974, un état indépendant séparé existe dorénavant *de facto* : le Bangladesh.

De son côté, le Pakistan Occidental sort de cet affrontement avec l'Inde mutilé, humilié, et surtout définitivement éloigné de l'esprit de l'expérience laïque et séculaire qui était née en 1947 des efforts de Jinnah. Encore une fois, le nouveau Pakistan a besoin de redéfinir son identité.

Prêt à profiter de ces conditions difficiles pour s'affirmer et reconstruire le pays selon ses desseins personnels, Bhutto accepte de devenir présidente lorsque Yahya donne sa démission. En 1973, il fait approuver une nouvelle Constitution fédérale, où la fonction de Président devient purement honorifique et où tous les pouvoirs reviennent au Premier ministre. L'assemblée nationale élit au poste de Premier ministre Zulfiqar Ali Bhutto.

Les ambitions de Bhutto vont en effet bien au-delà du Pakistan. Il ne voulait pas seulement en devenir le seul et suprême leader : la construction d'un nouveau Pakistan qui soit l'état islamique moderne modèle devait faire de lui une des figures les plus importantes dans le monde musulman et une personnalité internationale de premier plan.

La perte du Pakistan Oriental n'a pas seulement signifié la fin des espoirs et des efforts pour un pays multiculturel et séculaire, à la faveur d'une identité nationale fondée désormais sur la seule religion musulmane – un processus qui avait commencé immédiatement après la Partition – mais a changé l'orientation géopolitique du Pakistan, qui a perdu ses ponts vers l'Asie du Sud et s'adresse désormais au Moyen-Orient. En conséquence, si les territoires orientaux sont effacés de la mémoire nationale, le problème du Cachemire est à nouveau d'actualité et le Pakistan se fait un devoir de libérer cette terre d'Islam de l'oppression hindoue.

En 1974, Bhutto organise à Lahore la première Islamic Summit Conference, à laquelle participent les leaders du monde politique musulman mondial : le roi Fayçal d'Arabie Saoudite, Sadate d'Egypte, Assad de Syrie, Kadhafi de Libye, Arafat pour les Palestiniens[102]. Bhutto annonce à cette occasion la reconnaissance officielle du Bangladesh par le Pakistan.

Sur le plan de la politique intérieure, Bhutto entame dès 1972 un vaste programme de nationalisation portant notamment sur les industries de base et met en œuvre une ambitieuse réforme agraire. En 1974, toutes les banques et plusieurs entreprises sont nationalisées. Les mécontentements ne manquent pas, chez les chefs d'entreprises[103] bien sûr, mais surtout aussi chez les religieux qui n'acceptent pas cette politique socialiste.

Neuf partis d'opposition font alliance contre le PPP sous le nom de « Pakistan National Alliance » (Alliance nationale du Pakistan) ou PNA. Aux élections générales de 1977, les secondes de l'histoire du Pakistan, le PPP l'emporte cependant largement, avec 150 sièges sur 200. Le PNA conteste violemment ces résultats marqués, selon lui, par la fraude. Des émeutes éclatent à nouveau dans le pays. Dans cette situation d'impasse, le 5 juillet 1977 le général Muhammad Zia-ul-Haq décide d'imposer la loi martiale au pays. C'est la troisième fois depuis sa création. Bhutto est arrêté, jugé et condamné à mort pour le prétendu meurtre du père d'un des dissidents du PPP. Après avoir promis des élections pendant plusieurs mois, le général Zia annonce finalement en 1979 la dissolution des partis politiques. Bhutto est exécuté par pendaison le 4 avril 1979.

La même année, l'URSS envahit l'Afghanistan et plonge la région en pleine guerre froide. C'est en grande partie pour contrebalancer l'influence soviétique dans la région que les USA acceptent puis soutiennent la dictature de Zia. L'ère de Bhutto s'achève au moment où toute la région se tourne vers le fondamentalisme. Le visage du Pakistan s'apprête encore à changer.

---

102 Seul le Schah d'Iran manque, bien qu'ami de Bhutto.
103 Parmi ces derniers, le père de Nawaz Sharif, dont l'entreprise fut aussi nationalisée par Bhutto, élément qui n'est pas étranger à la rivalité entre Nawaz Sharif et Benazir Bhutto.

En vertu d'une étrange coïncidence, 25 ans après, en 1996, Benazir perdra son mandat peu avant la prise de pouvoir des Talibans en Afghanistan et une nouvelle radicalisation de l'islamisme en Asie.

6. MAUDUDI, ZIA ET L'ISLAMISATION DU PAKISTAN

Le coup militaire du général Zia et l'avènement de la dictature militaire ne signifient pas seulement la fin d'une tentative de démocratie et de modernité, qui était de toute manière dès sa naissance trop liée à des personnalités individuelles pour leur survivre durablement. Zia signifie aussi la fin définitive du rêve de laïcité qu'avait animé Jinnah et que cultivait aussi Ali Bhutto quoique plus en théorie que dans les fait.

Ainsi prêche Zia en 1977 :

Le Pakistan, qui a été créé au nom de l'Islam, pourra survivre seulement s'il reste fidèle à l'Islam. Pour cette raison, je considère que l'introduction d'un système islamique est la condition préalable à l'existence de notre pays[104].

Et dès le début de son gouvernement, il entame une véritable islamisation du pays à tous les niveaux. Une islamisation d'autant plus radicale qu'elle est soutenue par une idéologie forte et structurée. En effet, depuis 1941, le courant conservateur/dogmatique de l'Islam, réveillé lui aussi dans les années 20 dans l'Egypte de la *Nahda*, s'est incarné au Pakistan dans un parti politique militant, la *Jamaa-e-Islami* de Maududi.

Ali Bhutto avait permis aux références religieuses d'entrer dans la Constitution en 1957. Croyant pouvoir outrepasser dans son propre intérêt un élément qui devenait structurel à l'état, il avait placé le pays sur une voie pratiquement sans retour. Il n'avait pourtant jamais envisagé un état islamiste. Il était pour Maududi l'ennemi juré : Maududi le taxait de *kafir*, d'« infidèle », titre auquel aura droit plus tard Benazir, voire tout représentant du clan Bhutto et presque tous les militants du PPP.

---

104 Zia al-Huq, cit. Talbot, *Pakistan, cit.*

Mais, Maududi est le conseiller de Zia et sous sa dictature, le JI gère le gouvernement : pour Zia, islamiser le pays signifie réaliser le programme politique du JI de Maududi, à savoir, selon les plans des islamistes radicaux, retourner à l'Islam des origines, moralement et doctrinalement pur, pour fonder au Pakistan la société idéale.

La personnalité et la pensée politique de Maududi sont essentielles pour comprendre la politique de Zia et les 11 années d'Histoire qui ont changé le visage du Pakistan et la perception de l'Islam en Asie et, à plus long terme, sur le plan international. Pour cerner la politique de Zia, il sera utile de retourner même brièvement à ses sources principales, à savoir à l'idéalisation de l'islamisme radical par la création des Frères musulmans par Ali Banna dans les années 20, en directe conséquence et réaction de la *Nahda*, et l'entrée de cet islamisme, jusque là idéal, en politique dans les années 70.

Fondements idéologiques de la dictature de Zia

Le père du fondamentalisme musulman contemporain est Hassan al-Banna (1906-1949), contemporain de Taha Hussein dans l'Egypte éclairée des années 20 où il fonde, en 1928, la <u>Confrérie des Frères musulmans</u>[105].

Structurée au début selon le modèle d'une confrérie religieuse soufi, avec devoir d'obéissance au Guide, l'association des Frères Musulmans devient rapidement un mouvement politique. Le guide est accompagné d'un Comité Central qui contrôle des syndicats, des mouvements sociaux, et enfin d'une cellule militaire secrète qui fera son apparition en Palestine en 1947. L'action des Frères est focalisée sur le social : ils prêchent par exemple la prise en charge de la *zakât* (taxe aumônière) par l'état, la reconstruction de la *Umma* politique devant être précédée par l'instauration d'une société islamique. Ils considèrent bien sûr qu'aucun des gouvernements actuels n'est vraiment musulman. C'est pourquoi le

---

[105] Les wahhabites, bien que radicaux et sensibles aux extrémismes, ne sont pas susceptibles de se transformer en mouvement révolutionnaire militant car il sont trop liés à la dynastie Saudi. Ils seront la façade raisonnable de l'Islam conservateur, et bien qu'ils soient en réalité impliqués dans le financement du terrorisme islamiste, ils ne sortiront jamais officiellement du cadre étatique.

mouvement a vocation à l'international comme cela peut se voir dans les activités qu'il mène. Le *Jamaat-e-Islami* (JI) dérive directement des Frères Musulmans, dont il est la version asiatique et non-arabe et l'incarnation politique. Il a la même structure que les Frères, sauf que le Guide s'appelle *Emir* et que le mouvement se comporte tout de suite comme un parti politique. Au Pakistan, il se présente systématiquement aux élections et milite contre la Partition du Bangladesh, puis contre Ali Bhutto.

Maududi est le père d'une notion très dangereuse : la *djahiliyya* moderne. Dans la tradition, *djahiliyya* est l'âge de l'ignorance préislamique. D'après Maududi, les sociétés modernes sont replongées dans un nouvel âge d'ignorance. C'est pourquoi le vrai musulman doit rompre avec ces sociétés fermement, mais pas explicitement. En effet, il ne peut pas les combattre de l'extérieur ; il faut donc qu'il les combatte de l'intérieur. Sous une forme latente, par une sorte d'exil intérieur, comparable à l'hégire de Muhammad à Médine avant de reconquérir La Mecque ; c'est-à-dire avant de mener une révolution politique et sociale pour le rétablissement politique du véritable Islam. Un pays comme le Pakistan, où ceux qu'on appelle les mohajirs, les "exilés", comme les compagnons du Prophète à Médine, autrement dit où les réfugiés d'Inde après la Partition, gèrent les structures de l'État et ont imposé leur langue, un tel pays donc, ne pouvait pas rester indifférent à cette idée.

Avec les *Frères Musulmans* et le *Jamaat-e-Islami*, une nouvelle structure du mouvement politico-religieux inconnue auparavant naît en Islam : un mode de fonctionnement qui réunit à la fois les données de la tradition et la structure du parti politique moderne. Une fois élu par le conseil consultatif général (*madjlis al-shura* chez les Frères), le Guide/Emir est inamovible. Pour adhérer, les membres suivent une formation à plusieurs degrés : ils s'engagent à vivre en bons musulmans comme s'ils étaient déjà dans la cité idéale, mais vivent intégrés dans les sociétés étatiques, engagés dans la prédication et dans le recrutement, prêts à l'action. Les deux mouvements se sont désormais complètement internationalisés, et ils ont vite dégénéré ensuite sous l'influence de deux penseurs radicaux militants : Sayyid Qutb, qui devint la référence philosophique du fondamentalisme sunnite, et l'ayatollah Khomeiny.

Sayyid Qutb (né en 1906, pendu par Nasser en 1966), pousse à l'extrême les bases philosophiques du mouvement des Frères[106]. L'avènement d'une nouvelle *djahiliya* signifie qu'aucun compromis n'est possible avec les pouvoirs en place, surtout après la répression de 1954 en Egypte ; la notion traditionnelle de *tafkîr* (introduite par le philosophe Ibn Taymiyya, 1263-1328), implique désormais qu'un chef d'état musulman peut être déclaré infidèle, auquel cas, la guerre civile et l'assassinat politique sont la seule solution ; l'anticléricalisme sunnite se manifeste par l'assassinat de plusieurs oulémas ; le *djihâd*, qui de guerre intérieure devient un devoir social pour tous les musulmans et peut viser, contrairement à la tradition, d'autres musulmans considérés *mufakkir*, infidèles, prend une ampleur mondiale ; la société contemporaine étant retombée dans la *djahiliya*, à la limite, tout le monde est infidèle, sauf ceux qui mènent la *djihâd*.

Le principal apport de l'ayatollah Khomeiny est la théorie connue comme *velayat-i fâqih*, la 'régence du docteur de la loi', élaborée dans les années 70 – relativement tard donc – selon laquelle le Guide politique *doit* être celui qui détient le primat du pouvoir religieux – ce qui était concevable dans le chiisme, mais pas prévu. Ainsi, Khomeiny fera exploser le système du clergé chiite traditionnel. Suivant ce principe, l'hégémonie religieuse de la nouvelle république islamique reviendra au personnel politique issu de la révolution[107]. L'écart entre la théorie, soutenue par une grande érudition, et la pratique politique de Khomeiny fut énorme. Il arriva au pouvoir deux ans après Zia dans l'Iran voisin, et sa dictature marqua l'avènement définitif d'un islamisme non arabe et, avec la guerre d'Irak, la première des grandes fractures internes au

---

106 Son œuvre, faites de petits livres comme *Signes de piste* ou *A l'ombre du Coran*, traduits en plusieurs langues, est très lue, notamment dans les banlieues de France et d'Angleterre. Cf. Campanini, *Il pensiero, cit.* ; L. Wright, *La guerre cachée*, Laffont, Paris 2007.

107 L'idéologisation du chiisme s'était faite sur d'autres bases et a un père : Ali Chariati (1933-1977), sociologue et philosophe des religions, auteur d'une synthèse originale entre Islam et révolution socialiste. Il s'opposait au cléricalisme – on rappellera que le chiisme, à la différence du sunnisme, un clergé – et lisait l'eschatologie chiite (attente de l'imam caché) comme une révolution. Son influence sur la jeunesse iranienne fut profonde, mais effacée par la révolution de Khomeyni. Cf. A. Mérad, *L'islam Contemporain*, Que sais-je?, PUF, Paris 2005 ; Campanini, *Il pensiero, cit.*

monde musulman moderne. Si les causes de ce conflit sont économiques et politiques au sens large, Benazir dénonce dans toutes les dictatures des années 70 (Assad, Khomeiny, Saddam, Zia) une mauvaise compréhension fondamentale du message de l'Islam, qui n'est pas étrangère à la violence sociale qui accompagna ces dictatures, islamiques ou non, et à la surmédiatisation négative dont le monde musulman commença alors à faire l'objet dans les médias occidentaux.

Pour les idéologues de l'Islam radical, l'islamisation de la société toute entière passe par l'instauration d'un état islamique, et non pas seulement par l'observance de la *chari'a*. C'est pourquoi les islamistes, bien que logistiquement isolés entre eux, partageaient et partagent toujours un objectif : islamiser une société concrète, et non la virtuelle *Umma*, à partir de la prise de pouvoir de l'État – d'où les dictatures militaires. C'était le cas de la JI de Maududi lorsqu'elle accompagna la dictature de Zia au Pakistan.

Politique de Zia

Selon le programme de la JI, Zia lance des reformes sur tous les plans.

Sur le plan économique, différentes taxes d'origine religieuse sont introduites, dont la *zakât* qui est encore en vigueur, et est maintenue aussi dans le programme 2008 du PPP. Le Pakistan de Zia est surtout le premier à assumer un système financier entièrement basé sur le crédit islamique.

Sur le plan législatif, en 1980 la Majlis-i-Shoora, assemblée de conseil du Président sans fonctions législatives, remplace l'Assemblée Nationale. L'arabe et les études islamiques deviennent des matières obligatoires. Les médias sont en arabe, et dans l'armée, les théologiens obtiennent le grade d'officier afin d'attirer les meilleurs éléments des madrasas. Les madrasas quant à elles reçoivent un financement de l'état très important. Dans le programme de formation des futurs mollahs, il y a les opuscules de Sayyid Qutb. Ce qui fera dire à Benazir que le Pakistan de Zia a préparé le 11 septembre[108]. Mais Zia n'efface pas l'esprit natal du Pakistan ni du PPP, le parti des Bhutto, qui avait placé le pays au

---

108 Cf. Bhutto, *Reconciliation, cit., passim*.

cœur de la géopolitique mondiale, le seul parti pakistanais, par ailleurs, qui ait une continuité et une unité, de sa création jusqu'à aujourd'hui[109].

En 1981, du PPP naît le MRD (Mouvement pour la restauration de la démocratie). Il demande de nouvelles élections et le retour à la Constitution. Sous la pression du MRD, en 1984, Zia propose un référendum national qui a la forme d'un véritable plébiscite : si le Pakistan reste un état islamique, il en sera le président pour 5 ans. Malgré le boycott du MRD, la réponse est positive, mais avec quelques concessions. En 1985, de nouvelles élections restaurent l'Assemblée nationale. La loi martiale est levée et Muhammad Khan Junejo est nommé Premier Ministre. Selon le 8ème amendement, approuvé dans la nouvelle Constitution, le droit de nommer le premier Ministre revient au Président, qui a également le pouvoir de dissoudre l'Assemblé Nationale.

Le Pakistan est devenu une république présidentielle[110].

---

[109] L'autre parti historique pakistanais, la Ligue Musulmane, a plutôt tendance à se disperser en plusieurs branches. Cf. S.P. Cohen, *The Idea of Pakistan*, Bookings Institution Press, Washington 2006 ; Di Martino, *L'autre Pakistan, cit.*

[110] Qu'on se souvienne de ce 8ème amendement qui va jouer souvent son rôle décisif dans l'histoire du Pakistan.

LA FINANCE ISLAMIQUE

En 1974 l'OCI (Organisation de la Conférence Islamique) a créé la Banque Islamique pour le Développement, acte de naissance, en plein boom pétrolier, du système financier qui s'imposera dans les pays musulmans radicaux (au Pakistan en 1979 avec Zia, ensuite en 1983 en Iran et au Soudan). Ce système est maintenant très répandu en Occident, où des banques islamiques sont actives aujourd'hui dans 75 pays.

Le *Coran*, *Surah* II, 275-282 interdit explicitement toute forme de *ribah.* terme traduit couramment par le mot *usure. Ribah* (lett. a*ugmentation*) désigne toute forme d'intérêt : *ribah al-fadl* ou *ribah al-bay* si l'échange de marchandises est simultané, *ribah al-nasiya* ou *ribah al-jahiliya* si cet intérêt mûrit dans le temps (au Moyen Age, il en allait de même en Europe, cf. Thomas d'Aquin, *De emptione et venditione ad tempus*, 1262 : le texte de Saint-Thomas fait écho de manière évidente au *Coran*).

Dans le respect de ce principe éthique de base, les banquiers islamiques ont élaboré un mécanisme juridique et financier très habile fondé sur la notion de 'participation partagée' aux risques et aux profits. Cinq notions clés aident à le comprendre :

1. *al-mudaraba* : dans un investissement, la banque qui apporte le capital supporte aussi les pertes, alors que le promoteur perd uniquement le résultat dudit investissement ;

2. *al-musharaka* (association) : la banque paie par exemple 90% du bien, une maison par exemple, ou achète pour la personne la totalité du produit (*murabaha*) et ensuite le lui vend à son tour ;

3. *al-idjara* : la banque achète l'équipement technique pour réaliser le projet de la personne, et le lui loue ensuite ;

4. *al-istisna* : la banque assume les frais de réalisation du projet de la personne et lui transfère ensuite les produits à un prix et dans des termes fixés à l'avance.

Dans tous ces cas, au moment du remboursement et de l'acquisition du produit, la personne paie un surplus qui est officiellement une compensation pour le rôle de médiation assuré par la banque, mais qui correspond de fait à la taxe d'intérêt d'un prêt classique.

5. *al-salam sukuk* ou assurance islamique : comme garantie de toutes ces opérations, un contrat fixe par avance la commission, c'est-à-dire l'intérêt.

Dans ce système, les banques perçoivent de très bonnes commissions : d'où l'enthousiasme de beaucoup de banques occidentales qui ont ouvert des guichets islamiques en Europe. Mais des désavantages existent aussi : au fil de la transaction, le coût du capital augmente et cela pénalise fortement le micro-crédit. Le Pakistan payera cher pour les 11 années de ce système sous Zia.

Cette évolution apparente du régime vers la démocratie s'explique sans doute aussi par les pressions internationales et surtout par la pression économique des USA.

En effet, un événement géopolitique majeur en 1979 était venu compliquer davantage une situation nationale et régionale déjà très instable : l'invasion de l'Afghanistan par l'armée soviétique[111].

Une nouvelle fois, le Pakistan se trouve face à d'immenses déplacements de populations. En accueillant les réfugiés afghans, il accepta de devenir l'arrière-base des résistants et en vertu de cela, les États-Unis accordèrent d'énormes aides financières aux moudjahidines mais aussi au Pakistan lui-même, dont l'armée fut renforcée ultérieurement.

Le Pakistan est désormais l'allié des États-Unis contre l'avancée du communisme en Asie.

Mais Zia et son Premier Ministre Junejo ne sont pas d'accord sur la politique afghane. Malgré les aides internationales, la gestion d'un exode si massif de réfugiés afghans est difficile pour un pays dont l'économie et l'organisation politique restent précaires. En vertu du 8ème amendement, Zia renvoie le Premier Ministre.

Les choses en sont à ce point lorsqu'un événement imprévu change soudainement la scène politique pakistanaise : le 17 août 1988, l'avion transportant le président Zia s'écrase. Conformément à la Constitution, le président du Sénat, Ghulam Ishaq Khan, est investi des pouvoirs par intérim et annonce la tenue d'élections pour novembre 1988.

Les élections sont gagnées par Benazir Bhutto qui, depuis 1979, avait succédé à son père à la direction du PPP et qui devient ainsi la première femme Premier Ministre dans un pays musulman et le premier ministre démocratiquement élu après onze ans de dictature militaire.

---

111 Dorénavant, le dossier afghan est une épine qui érode sans cesse la politique afghane, aussi bien intérieure qu'extérieure. Cf. A. Lamballe, *Iran, Pakistan, Afghanistan : un triangle conflictuel*, 'Enjeux diplomatiques et stratégiques 2008, p. 116-124 pour les dernières interférences.

PARTIE III

PENSEE ET ACTION DE BENAZIR BHUTTO

7. LA *FILLE DU DESTIN*[112]

Benazir Bhutto, fille de Zulfiqar Ali Bhutto, le fondateur du Parti du Peuple Pakistanais[113] est née à Karachi le 21 juin 1953, dans une grande famille de propriétaires terriens du Sindh. Son père, Zulfiqar, est sunnite alors que sa mère, Nusrat, iranienne d'origine kurde, est chiite : un croisement de cultures et de religions qui contribue sans doute à la vision ouverte de l'Islam que professera Benazir. En outre, Benazir fait ses premières classes dans des pensionnats catholiques, dans le Pendjab, à Murree et ensuite à la Grammar School de Karachi. En 1969, à l'âge de 16 ans, elle part étudier la politique comparée à l'université d'Harvard, où elle obtient brillamment son diplôme en 1973. Elle continue ensuite ses études à Oxford, où elle se perfectionne dans le droit international. Pendant ses années à Oxford, elle reste en contact étroit avec sa famille et en particulier avec son père, qui la considère désormais comme son héritière politique et commence à l'emmener avec lui dans ses missions diplomatiques.

Benazir accompagne notamment son père à Simla pour les accords avec l'Inde[114], puis plusieurs fois aux Nations Unies. Son apprentissage politique ne se fait pas que par les études, Zulfiqar veut véritablement en faire son héritière et ne cesse de la mettre à l'épreuve.

---

112 Benazir raconte sa vie dans son autobiographie, publiée en 1988, peu après sa première élection en tant que Premier Ministre, et intitulée *Daughter of the East* dans l'édition anglaise (Simon and Shuster, London 1988), mais intitulée *Daughter of the Destiny*, un titre bien plus parlant, dans l'édition américaine (New York 1988). Une nouvelle édition de *Daughter of the East*, avec l'ajout d'un chapitre sur les années 1988-2007, a été publiée en 2007. Pour une vision extérieure (mais pas forcément objective) cf. aussi M.-A. Weaver, *La figlia del Pakistan*, I libri di Internazionale, Roma 2008 ; Gourret, *Benazir, cit.* ; P. Lafrance, *Du temps de Benazir Bhutto*, Gnosis, Paris 2008 ; E. Raynaul, *Benazir Bhutto, Jusqu'au but du destin*, Bertrand, Paris 2008.
113 Cf. *supra* chap. 5.
114 Cf. *supra* chap. 5.

En 1976, Benazir devient la première femme présidente de l'Oxford Union : Zulfiqar la félicite, c'est pour lui le premier d'une longue série de succès politiques et sociaux. L'année suivante, diplômée d'Oxford, Benazir rentre au Pakistan pour se consacrer à la carrière diplomatique. Mais quelques jours après son retour, son père, démis de ses fonctions par le coup d'État du général Zia, est arrêté et emprisonné. Il sera ensuite jugé puis exécuté. Malgré de nombreux appels de la communauté internationale, les efforts de ses avocats et les insistances ininterrompues de Benazir et de toute sa famille, Zulfiqar est pendu le 4 avril 1979. Benazir Bhutto et sa mère sont détenues dans un camp jusqu'en mai 1979, puis assignées à domicile pendant 5 ans, jusqu'à leur départ en exil en Grande-Bretagne en janvier 1984.

Désormais basée à Londres avec sa famille, Benazir devient le nouveau leader du PPP, dont elle restera la Présidente jusqu'à sa mort.

Un an après l'exil, le jeune frère de Benazir est retrouvé mort dans des circonstances douteuses dans son appartement de Cannes. Lorsque Benazir revient au Pakistan pour ses funérailles, elle y est accueillie triomphalement. Elle décide alors de rester. De nouveau emprisonnée quelques jours après une manifestation interdite contre le général Zia, elle échappe à un attentat en janvier 1987. A la fin de cette même année, elle épouse à Karachi Asif Ali Zardari[115]. Lorsque, en 1988, elle devient Premier ministre, son mari entame lui aussi une carrière politique, malgré son passé peu clair et plusieurs accusations de corruption jamais définitivement démenties.

Depuis septembre 2008 Zardari est devenu Président du Pakistan.

En 1988, quelques jours après son élection, Benazir publie son autobiographie[116]. Elle est intitulée *Fille de l'Orient* dans l'édition

---

[115] «Sa plus grande erreur», dira Margaret Thatcher, grande amie de Benazir depuis les temps d'Oxford.

[116] Benazir dédicace la première édition de son autobiographie, en 1988 «A la chère mémoire de mon père, de mon frère, et de tous ceux qui moururent en combattant la loi martiale du général Zia au Pakistan». Cette dédicace reflète bien l'état d'âme de Benazir au début de son premier mandat : elle écrit surtout cette biographie pour éviter l'oubli. Benazir affirme avoir plusieurs fois encouragé les anciens membres du gouvernement de son père à en écrire l'histoire. En exil ou en

anglaise, alors que dans l'édition américaine, sortie la même année et par ailleurs identique dans le contenu, a pour titre *Fille du Destin*. A la journaliste Mary Anne Weaver, qui lui demande le sens de ce changement, elle répond[117] avoir assumé le combat de son pays pour la démocratie comme une mission du destin, le destin des Bhutto, *son* destin désormais. Ce sera la devise de ses derniers écrits : la nouvelle version de son autobiographie, publiée en 2007 avec l'ajout d'un long chapitre sur les années 1988-2007 et l'introduction de *Reconciliation*.

Je n'ai pas choisi cette vie. C'est elle qui m'a choisie[118].

Tout au long de ses 20 années de lutte pour le pouvoir et pour la démocratie (deux mandats de Premier Ministre : 1988-90 et 1993-96, puis 10 ans en tant que conférencière et leader militante en exil) Benazir a bien affiné son personnage, a créé sa propre légende.

Premier mandat de Benazir (1988-1990)

Benazir prend effectivement le pouvoir pour la première fois par un accident du destin.

---

prison, ils n'ont pas pu. Il en est de même pour elle. Mais à son retour au Pakistan en 1986, elle reçoit plusieurs invitations à écrire non pas l'histoire de son père, mais la sienne. «J'hésitais. Une chose était d'écrire comment mon père était devenu, par la voie d'élections démocratiques, Premier Ministre du Pakistan [...] c'était toute autre chose de me raconter moi-même, dont les luttes politiques les plus importantes étaient encore à venir [...] je pensais que les autobiographies s'écrivaient à l'automne d'une vie, quand on regarde en arrière. La remarque fortuite d'une amie me fit changer d'avis. "ce qui n'est pas écrit s'oublie" [...] comme beaucoup de Pakistanais, j'avais vécu les années noires de la loi martiale. Mais contrairement à beaucoup d'entre eux, j'avais la possibilité de rapporter ces expériences. Il est important que le monde se rappelle la répression que nous autres Pakistanais nous avons dû subir après le coup d'état du général Zia [...] C'est donc mon histoire : les événements tels que je les ai vus, ressentis, comment j'y ai réagi. Ce n'est pas une étude en profondeur du Pakistan, mais un aperçu de la transformation d'une société, de la démocratie à la dictature. Que ce soit aussi un appel à la liberté».

117 Cf. Weaver, *La figlia, cit.*, p. 74.
118 Ainsi se termine le prologue de l'édition 2007, *éd. cit.*, p. 9.

La mort inattendue de Zia dans l'accident d'avion du 17 août 1988 est un coup dur pour l'armée : non seulement celui qui avait assuré le gouvernement le plus durable depuis la Partition, mais aussi ses généraux les plus proches et qui auraient pu lui succéder étaient morts dans l'accident. Le pouvoir revenait aux civils et cela se fit en la personne de Ghulam Ishaq Khan, qui avait déjà été Gouverneur général et dont la préoccupation première était, avant de prôner la démocratie, de stabiliser une nation aux différences économiques, sociales et culturelles si dramatiques.

Il laissa en vigueur la Constitution de 73, mais instaura immédiatement l'état d'urgence.

Pressé par une situation frontalière et internationale des plus difficiles, il ne voulait bien sûr pas empêcher que l'armée russe se retire, mais il ne voulait pas non plus que l'Afghanistan tombe dans les mains des islamistes : Ishaq n'est pas vraiment préparé aux élections de l'automne 1988.

Benazir et le PPP y voient immédiatement l'occasion attendue pendant 11 ans. En vue des élections, le PPP quitte le MRD et, abandonnant toute référence au socialisme, se présente comme le parti du changement et du retour à la démocratie et à la modernité. Ses principaux adversaires : la Ligue Musulmane de Nawaz Sharif (PML) et l'Alliance de la Démocratie Islamique (IDA) héritière de la politique de Zia, mieux connue sous son nom ourdou, Islami Jamhoori Itihad' (IJI). Ishaq, anti-islamique, est obligé de soutenir le PPP, qui gagne les élections.

Benazir est la première femme au pouvoir dans un pays musulman et le premier civil élu démocratiquement Premier Ministre du Pakistan après 11 ans de dictature militaire. Mais onze ans de dictature ont profondément changé le pays. Ce n'est plus le Pakistan que Zulfiqar Ali Bhutto voulait laisser "en héritage" à sa fille. Et Benazir aussi a changé. En 1979, elle était une jeune femme qui venait de terminer ses études en Occident, aux États-Unis d'abord et ensuite à Oxford, nourrie d'un Islam intellectuel et moderne, en admiration continuelle devant son père, qu'elle suivait dans ses missions les plus importantes[119] et du modèle démocratique occidental qu'elle rêvait d'emporter dans son pays.

---

119 Cf. *Infra* cap. 7.

Dix ans après, déçue et endurcie par la prison et l'exil, sait-elle vraiment ce qui l'attend à son retour au pays, tout victorieux qu'il soit? Le Pakistan islamisé de Maududi est un défi à long terme que Benazir reçoit comme une mission du destin, en hommage à la chère mémoire de son père, mais aussi dans l'inconscience de ce que peut vouloir dire, pour une jeune femme, être à la tête d'un pays à la société profondément islamisée, bien loin désormais de l'islam de son enfance, modéré, moderne, intellectuel et finalement fortement idéalisé.

Pour la deuxième fois, le PPP et la famille Bhutto sont au pouvoir et ont la possibilité concrète d'établir une démocratie au Pakistan. Benazir entame la démocratisation d'un pays socialement, économiquement et politiquement humilié par 11 ans de dictature militaire et d'islamisme radical, dans une situation internationale difficile, marquée par la fin de la guerre froide, et sous le regard indifférent des USA qui perdent désormais tout intérêt pour la région. Le défi est immense. En trois ans de mandat, Benazir n'aura pas assez de temps. Reste à sa charge l'erreur, la même qu'avait faite son père, de ne pas avoir voulu institutionnaliser le PPP en des organes véritablement démocratiques mais d'avoir préféré consolider son pouvoir personnel et familial, dans son premier mandat (1988-1990) comme dans le second (1993-96), quitte à fermer les yeux sur le problème islamiste (qui deviendra en revanche son obsession en 2007), dans la conviction sans doute que l'avenir de la démocratie au Pakistan est la mission inaliénable et vouée à la réussite, coûte que coûte, que le destin a confié au clan Bhutto[120].

Dans sa première conférence de presse, Benazir traite Nawaz Sharif, Gouverneur du Pendjab, de séparatiste, et nomme le Secrétaire général du PPP nouveau gouverneur du Pendjab. Zulfiqar, son père, avait agi de la même manière avec la NWFP et le Baloutchistan, et le désir de Benazir de contrôler directement

---

[120] Comme son père, Benazir est une grande oratrice : dès le début, lors des discours fleuves qu'elle donne sur le terrain, elle se pose en défenseur du peuple, proche de ses besoins les plus basiques (*"roti, kapra, makan"* : du pain, des vêtements, un toit), et frappe les imaginations par la manipulation des symboles religieux. Cf. L. Baixas, « La famille Bhutto ou les martyrs de la démocratie au Pakistan », http://echogeo.revues.org/index2663.html.

toutes les provinces du Pakistan, surtout le Pendjab qui était la plus importante est manifeste[121]. Elle perd vite le soutien d'Ishaq.

Alors que les USA célèbrent Benazir comme le symbole de la nouvelle démocratie pakistanaise, les difficultés et les attaques contre son gouvernement se multiplient à l'intérieur. Son attitude lui fait perdre le soutien du Parti Mohajir, désormais Muttehida Qaumi Mouvement (MQM), et du Awami National Party (ANP).

Les derniers soldats russes quittent l'Afghanistan début 89, et les Américains abandonnent la région. Mais les Services Secrets (ISI) du général Hamid Gul, véritable état dans l'état, ne sont pas disposés à quitter la région avant de l'avoir ramenée sous leur influence. Benazir laisse l'armée, déjà très agrandie grâce aux aides américaines, se fortifier. Le leader du Awani Party accuse Hamid Gul d'alimenter volontairement le conflit et demande le cessez-le-feu. L'ISI refuse : Hamid Gul croyant que Benazir et l'armée régulière du Général Baig cherchent à le faire remplacer, s'allie avec Nawaz Sharif et se rapproche d'Ishaq. Informée de la manœuvre, Benazir finit effectivement par le renvoyer. En novembre, Nawaz Sharif et le MQM présentent à l'Assemblée Nationale une motion de non-confiance au gouvernement de Benazir, mais, faute du soutien de l'armée, ne réussissent pas à le déstabiliser.

Mais Benazir ne se rend pas assez compte de sa situation réelle : elle est une jeune femme aux convictions libérales et séculaires éduquée en Europe et aux États-Unis qui se retrouve à gouverner un pays musulman à forte tendance islamique. Décalage illustré par exemple par sa prise de position dans le scandale des *Satanic Verses* de Salman Rushdie, qui fait exploser des émeutes dans tout le pays[122].

---

121 L'opposition entre elle et Nawaz Sharif est d'origine personnelle. Les Bhutto étaient sindhis ; Sharif, lui, était penjabi ; les Bhutto étaient des propriétaires terriens à la tradition féodale, les Sharif des entrepreneurs ; de plus, Zulfiqar Ali Bhutto avait nationalisé les entreprises du père de Nawaz Sharif.

122 Le livre de Salman Rushdie avait été accusé d'hérésie et son auteur avait été frappé par la *fatwa* de Khomeiny qui avait appelé tous les bons musulmans à l'assassinat du blasphémateur, réfugié en Angleterre. A cette occasion, Benazir fut un des rares leaders musulmans à se prononcer pour la liberté de parole. Ce qui lui valut l'approbation de l'Occident et le blâme du monde musulman et de son propre pays.

En 1990, Saddam Hussein envahit le Koweït. Les réactions des USA et de l'ONU, y compris d'une majorité de pays musulmans, sont connues. Benazir exprime son soutien à la coalition. Baig en revanche juge l'intervention occidentale une interférence inacceptable : le 6 août 1990, quatre jours après l'invasion du Koweït, en accord avec le président Ishaq l'armée dépose Benazir, accusée avec son mari de corruption et de népotisme ; l'Assemblé Nationale est dissoute et un gouvernement provisoire est installé. Le 1er octobre, Bush coupe toute aide au Pakistan. Le 13 octobre, l'IJI, désormais en coalition avec le PML, présente son programme de 'restauration de la loi coranique et de la Sunna', condamnant ouvertement une connivence entre Benazir et les États-Unis. Toutes ces accusations, jamais complètement éclairées, sont très politiques. Benazir est acquittée, mais aux élections le 24 octobre, la coalition PML-IJI gagne et Nawaz Sharif est élu Premier Ministre[123].

Deuxième mandat de Benazir Bhutto (1993-96)

Lorsque le PPP revient au pouvoir en 1993, après une nouvelle crise et une gestion par intérim, intelligente mais trop brève pour être efficace, de Qureshi, ancien vice-président de la Banque mondiale, la préoccupation principale de Benazir est de consolider immédiatement son pouvoir, ce qui semble acquis lorsque son candidat à la Présidence, Farooq Leghari, remporte les élections. Pour la première fois, Président et Premier Ministre sont du même parti politique, le PPP, ce qui apparaît prometteur pour la stabilité politique du pays.

---

123 Sharif accusait le PPP d'avoir miné peu à peu l'économie du pays et l'attitude laïque de Benazir d'en avoir miné la moralité. Envisageant une sorte de renaissance du programme islamique de Zia, il déclara la fin de la dépendance américaine du Pakistan, proclama l'état d'urgence et mit en place des réformes - privatisation, dérégulation et encouragement au secteur privé et à l'investissement étranger - dans l'approbation générale du pays. Les effets de ce programme seront cependant diminués par la réduction drastique de l'aide américaine qui a pour objet d'empêcher la poursuite du projet d'armement nucléaire pakistanais également lancé par Sharif. C'est encore sous le mandat de ce dernier, en 1991, que le Parlement approuve en mai un projet de loi renforçant le statut de la *charia*.

Le nouveau Président annule le 8ème amendement[124] de la Constitution voulu par Zia.

Le Pakistan semble avoir atteint une nouvelle maturité politique, grâce à un système parlementaire libéré, avec une évidente orientation moderne et anti-islamique et un système électoral fondé sur la compétition de deux partis clairement orientés : le PPP et le PML.

Les problèmes économiques et sociaux, cependant, restent à résoudre. Cette fois, ce sont les circonstances qui obligent Benazir à centraliser son pouvoir : au détriment des structures démocratiques dont elle prêche l'avènement, elle n'arrivera jamais à obtenir la stabilité nécessaire pour gouverner.

A l'intérieur, elle est en effet attaquée sur deux fronts : par son frère Murtaza d'abord, qui, rentré d'exil, voudrait récupérer la direction du PPP (c'est à ce moment que, ayant renvoyé sa mère qui soutient Murtaza, Benazir se proclame Président à vie du PPP, parti qui en effet ne connaîtra jamais d'élections internes). En même temps, elle est également attaquée par son adversaire de toujours : Nawaz Sharif. Préoccupée surtout par ce dernier, elle profite des émeutes de la NWFP pour y imposer un gouverneur du PPP, puis fait arrêter le chef de l'ISI et remplacer les juges de la Cour Suprême et de plusieurs tribunaux provinciaux par des membres du PPP. C'est une interférence importante dans le système judiciaire, le pas est risqué, et pas complètement innocent : Nawaz Sharif en profite.

La position internationale du Pakistan dégénère rapidement. Le Pakistan est sur la liste de surveillance spéciale des USA pour le terrorisme ; la tension avec l'Inde s'aggrave, notamment avec l'accident de la Babri Mosque et les représailles anti-hindous qui s'ensuivent. Cependant, peu à peu, l'économie du pays semble se ressaisir, grâce à de bons investissements étrangers, une bonne gestion des ressources énergétiques, et les aides de la Banque Mondiale, le Fonds Monétaire International et l'Asian Development Bank. En 1995, les États-Unis retirent aussi certaines des sanctions de 1990 et recommencent à aider le Pakistan.

---

124 Pour rappel, le 8ème amendement faisait du Pakistan une République présidentielle puisqu'il remettait au Président le pouvoir de renvoyer le Premier Ministre et de dissoudre l'Assemblée Nationale.

A Karachi, les Mohajirs réclament un état indépendant. Benazir fait maîtriser le mouvement par l'armée. Son régime, avec sa manipulation du système judiciaire et son recours répété à l'armée, ressemble de moins en moins à une démocratie.

En octobre 1995, Benazir fait arrêter 40 officiers de l'armée, accusés de conspiration. Le chef de l'armée régulière démissionne et est remplacé par un proche du PPP. Benazir contrôle désormais l'armée. Fin novembre 1995, elle accuse Nawaz Sharif de vouloir détruire la démocratie au bénéfice d'une théocratie islamique et de préparer un coup d'état.

Aveuglée par l'illusion d'une renaissance économique du pays, Benazir laisse à nouveau la saga des Bhutto l'emporter sur le Parti et fait de la politique du pays une question trop personnelle pour pouvoir instaurer une démocratie durable.

Le Président a perdu confiance en elle. Pour stabiliser l'armée et calmer les conflits internes, il remplace alors les hommes du PPP à la Cour Suprême par des hommes du Pakistan Bar Association dont l'intégrité et la neutralité sont reconnues. Benazir n'apprécie guère et le Président en retour n'apprécie pas non plus ses protestations. Leurs relations deviennent de plus en plus tendues.

De nouvelles accusations de corruption sont prononcées contre le mari de Benazir. Sharif saisit l'occasion pour attaquer le PPP, en alliance avec Murtaza et Imran Khan du nouveau parti fondamentaliste Tehrik-e-Insaaf. Peu après, Murtaza est assassiné, et le mari de Benazir est accusé d'avoir commandité le meurtre. Le 5 novembre 1996, accusée d'user de manières dictatoriales, d'avoir voulu manipuler le système judiciaire, accusée de népotisme et de corruption, Benazir est destituée et l'Assemblée nationale dissoute. Un gouvernement provisoire, guidé par Miraj Khalid, ancien du PPP, se met en accord avec le Président pour purger le pays des intrigues de Benazir. Elle est assignée à résidence, et son mari emprisonné pour fraude fiscale et pour l'assassinat de Murtaza.

La même année, en 1996, les Talibans prennent le pouvoir à Kaboul.

8. CHOC ET DIALOGUE DES CIVILISATIONS

On considère en général que les événements du 11 septembre 2001 ont changé le monde. Ils ont certainement changé le Pakistan[125].

En réalité, c'est plutôt la fin de la guerre froide qui a changé la situation géopolitique mondiale et a activé un mouvement de dérive et, par conséquent, de dégénération de l'islam radical dont le 11 septembre est le résultat, non la cause. Cela est vrai en particulier pour le Pakistan.

Ce qui a sûrement changé, c'est l'attitude de la société civile, américaine d'abord, puis européenne après les attentats de Madrid (2004) et de Londres (2005), envers le monde musulman, perçu comme un tout unitaire où histoire, doctrine, tradition, extrémismes se superposent et se confondent. Dans ce changement d'attitude, la surmédiatisation des événements des premières années 2000 a joué au moins autant que la gravité réelle desdits faits, en ce qu'elle a ravivé de manière incontrôlée auprès du grand public d'anciennes peurs et les mythes eschatologiques du XXème siècle, nés à la fin de la guerre froide comme des paradigmes historiographiques et considérés après le 11 septembre comme de véritables prophéties. C'est le cas de la célèbre théorie du « Choc des civilisations » (*The Clash of Civilizations*) de Samuel Huntington, publié pour la première fois aux USA au début des années 90 et perçu ensuite comme prophétique après les attentats du 11 septembre.

La théorie de Huntington

La théorie du choc des civilisations, sans doute encore une intervention prétentieuse et maladroite de l'Occident (las peut-être des fantasmes périmés de l'Orientalisme) dans l'histoire de la

---

125 Cf. Ziring, *Pakistan*, cit., p. XII.

pensée islamique, et devenue désormais un mythe autofondant comme ne manque pas de le signaler Benazir.

Benazir encadre bien ce mythe dans la dialectique pluriséculaire entre dogmatistes/conservateurs et rationalistes/modernistes, lorsque elle retrouve, parmi les musulmans engagés, des « réconciliationistes », dont elle se fait le porte-parole, et des « clashistes », les extrémistes qui souhaitent le clash, la confusion, et qui pour l'obtenir sont obligés de « détourner » la véritable doctrine de l'Islam.

Le mot 'détourné' (*hijacked*)[126] n'est pas choisi au hasard : c'est une référence directe au 11 septembre, qui n'a pas changé le monde mais a perverti, aux yeux des occidentaux comme des musulmans, le véritable message de l'Islam qui est, comme pour toutes les religions, un message de paix. Avec la complicité des médias, occidentaux et orientaux, l'Islam a assumé depuis le 11 septembre le rôle de l'ennemi envahisseur, ce qui peut avoir, par voie négative, une partie importante sans doute dans toute identité communautaire, mais qui devient un danger mortel si, sorti de l'imaginaire pour influencer la diplomatie internationale dans les faits, il prétend changer le cours de l'histoire.

Contre ce détournement doctrinal, contre cette exploitation de la religion comme source de peur et de déstabilisation, et contre cette manipulation des faits historiques, Benazir se bat, en considérant qu'un rétablissement de la véritable doctrine de l'Islam est la meilleure réponse aux clashistes, et la plus grande chance d'amener le Pakistan à la modernité, à la démocratie et à la paix.

Peu d'événements ont marqué l'histoire moderne comme la chute du mur de Berlin et la fin de la guerre froide. Cela a signifié la fin d'un équilibre, inquiétant et dangereux mais un équilibre tout de même, géré par la peur mais relativement stable, et le renouveau d'anciennes peurs eschatologiques.

Selon Samuel Huntington, politologue et historien américain, la fin de la guerre froide marque surtout le passage d'un monde géré par des confrontations idéologiques à un monde dominé par des confrontations culturelles[127].

---

126 Bhutto, *Reconciliation, cit.*, p. 17 et *passim*.
127 S.P. Huntington, *Le choc des civilisations*, Odile Jacob, Paris 2007 (première éd. 1996).

Huntington identifie huit grandes zones culturelles ou civilisations :
1) l'Occident, c'est-à-dire principalement l'Europe et les USA, mais aussi l'Australie ; 2) le monde orthodoxe, c'est-à-dire principalement les Balkans ; 3) le monde africain, c'est-à-dire l'Afrique sub-saharienne ; 4) l'Islam ; 5) le monde hindou ; 6) la Chine et ses zones d'influence, Corée, Vietnam, Taiwan ; 7) l'Amérique Latine ; 8) le Japon.

Cette liste dont les critères de classification ne sont pas toujours cohérents – distinctions religieuses, ethniques et politiques sont souvent superposées, sinon confondues dans l'analyse – s'articule dans un réseau complexe de contacts, de synergies et de conflits où les deux pôles Occident et Islam sont potentiellement en guerre avec toutes les autres civilisations et/ou impliquent toutes les autres civilisations, à des degrés différents et variables, dans un affrontement capital qui pourrait marquer la fin du monde tel que nous le connaissons.

L'Asie musulmane et le triangle de tension Inde-Pakistan-Afghanistan en particulier sont pour Huntington un excellent exemple de cette poudrière de tensions renouvelées depuis la fin de la guerre froide et de plus en plus proches du clash[128].

L'explosion démographique et la décolonisation ont à la fois ouvert les yeux des musulmans sur le monde extérieur et déstabilisé une société qui depuis des siècles se veut et se voit comme universelle[129]. Et en moment de crise, identitaire et de croissance, les fondamentalismes fleurissent librement, d'un côté comme de l'autre.

La notion d'un choc des civilisations pourrait finalement être une grille de lecture valable du nouveau 'désordre' international post-guerre froide[130].

---

128 Huntington parle continuellement du Pakistan (cf. en particulier les p. 302-307 de l'édition française, où il expose les différents degrés des conflits civilisationnels). Son autre grand exemple est celui de l'ex-Yougoslavie.

129 Cf. *supra* chap. 1 et 3.

130 Cette expression, déjà présente chez Huntington, est de plus en plus utilisée depuis que T. Todorov en a fait le titre de son essai. Cf. Huntington, *Le choc des civilisations*, passim ; T. Todorov, *Le nouveau désordre mondial*, Paperback, Paris 2005 ; Les 'Enjeux diplomatiques et stratégiques' du CEDS, 2005-8, *passim*.

Mais elle perd en crédibilité lorsqu'elle prétend que, du fait de sa nature et de son histoire, l'Islam a des 'frontières de sang (*bloody borders*)', à savoir que, par sa nature, l'Islam recherche le clash et que le monde contemporain, à cause des tensions Islam-Occident et à cause de l'attitude sanglante de l'Islam en général, s'achemine vers cette guerre de civilisations[131].

Pour Huntington, la révolution iranienne de 1979 et, plus récemment, les guerres du Golfe ainsi que les conflits indo-pakistanais et le dossier afghan justement confirment que l'Islam est voué par nature au clash et que celui-ci est de plus en plus proche. Mais ces mêmes événements ont aussi démontré que le monde musulman n'est pas unitaire : le front islamique de Huntington n'a pas de réalité historique.

La seule solution possible à une déflagration mondiale et à la fin de notre monde serait selon Huntington l'isolement, presque l'étanchéité des sociétés : une solution pour le moins utopique...

Tout récemment, Fouad Nohra[132] a bien encadré cette théorie dans le contexte sociopolitique dans lequel elle est née : la nouvelle droite intellectuelle américaine des années 90, c'est-à-dire, dans l'euphorie de l'après-guerre froide

La théorie de la fin de l'histoire a servi de fondement philosophique aux politiques des administrations présidentielles successives, ainsi qu'à la doctrine d'Antony Lake dont le concept principal est celui de l' « expansion démocratique » (democratic enlargement), dans un monde où l'affrontement idéologique du libéralisme et du marxisme a disparu. Or, Samuel Huntington cherche à établir que cette expansion de la démocratie libérale se heurte à une résistance des civilisations non occidentales[133].

La théorie du 'choc des civilisations' naît en effet sous forme interrogative comme question-débat dans l'article "The clash of civilizations?" publié dans 'Foreign Affairs' en 1993 en réponse à

---

131 De plus, Huntington considère que la civilisation musulmane pourrait bientôt converger vers une alliance stratégique avec la zone d'influence chinoise au grand dam de l'Occident, et que le monde à venir sera principalement dominé par le conflit entre musulmans et non-musulmans.
132 Cf. F. Nohra, *Une représentation négative de l'interculturalité : la théorie du choc des civilisations*, à paraître dans M. Salhia, *Frontières de l'interculturalité*, Presses universitaires du septentrion, Lille 2009.
133 Cf. Nohra, *Une représentation, cit.*, p.1

l'article de Fukuyama sur la fin de l'histoire[134]. En 1996, l'article devient un livre où la formule perd son point d'interrogation, et s'impose comme 'la' nouvelle grille de lecture du monde contemporain.

Après les événements du 11 septembre, cette théorie déjà bien célèbre a été saluée comme prophétique.

L'analyse de Benazir

Benazir connaît bien l'histoire de cette doctrine, et mieux que les analystes occidentaux elle sait la placer dans le débat entre dogme et modernité qui a marqué l'histoire de l'Islam et son difficile dialogue avec l'Occident[135].

Le 'Choc des civilisations' est en effet une théorie qui a eu un fort impact sur le grand public, mais pour ceux qui connaissent l'histoire de la géopolitique et également la tradition orientale du dialogue interculturel, cette théorie n'a rien de révolutionnaire.

En 1918, par exemple, rappelle Benazir, O. Splenger publie, juste après la fin de la première guerre mondiale, *The Decline of the West*. Selon Splenger, il y aurait dans le monde 18 civilisations, dont une dominante, la civilisation *faustien* ou occidentale. Cette civilisation s'est consolidée aux alentours de l'an mil et vit maintenant son crépuscule. Ces deux idées (à savoir que l'histoire soit faite d'un jeu des civilisations et que l'Occident soit aujourd'hui en déclin) sembleront prophétiques lorsque la seconde guerre mondiale éclate.

L'approche civilisationnelle est aussi celle du célèbre historien A. Toynbee. Son *A study of History* de 1960 se veut une histoire des civilisations. Selon Toynbee, la chute d'une civilisation advient lorsque une « minorité créative » arrête de produire des idées, et demeure juste une « minorité dominante ». Elle est alors prête à se faire remplacer par une nouvelle minorité créative surgissant. Un paradigme susceptible d'être appliqué à différents moments de l'histoire, qui propose une partition du monde plus par zones culturelles que par zones idéologiques, mais qui ne présuppose

---

134 Cf. F. Fukuyama, *The end of history and the last Man*, Maxwell Mac Millan, New York 1992.
135 Cf. Bhutto, *Reconciliation, cit.*, p. 233-234.

nullement l'idée d'un choc inévitable entre elles. Un paradigme qui craint le déclin de l'Occident après la double catastrophe des guerres mondiales et les totalitarismes de droite et de gauche, mais qui ne parle ni d'affrontement ni d'effondrement sanglant.

La formule 'clash of civilizations' apparaît pour la première fois dans un essai dont le titre est déjà très significatif : *The roots of Muslim Rage*, publié par B. Lewis en 1990[136], à la fin de la guerre froide précisément. Selon Lewis, l'Islam du XXème siècle a emprunté à l'Occident deux notions : celle de *sécularisme*, entendu comme séparation des pouvoirs temporels et spirituels et que l'Islam ne conçoit pas en soi ; celle de *modernisme* (Lewis n'apparaît pas avoir assimilé la *Nahda*[137]). Ces deux notions, étrangères à la nature de l'Islam, en auraient détruit la structure sociale, avec le résultat connu et inévitable de déchaîner la rage meurtrière organisée aujourd'hui sous le drapeau du terrorisme islamique mondial. Les USA et l'Occident en général incarnent ces deux valeurs, le sécularisme et la modernité, qui ont détruit les fondements sociaux de l'Islam : c'est pourquoi ils sont si violemment visés.

Le 11 septembre a radicalisé cette attitude par une médiatisation coupable : c'est un monde bipolaire, « Islam... and the West », dit le titre du livre de Benazir, et en contrepartie, un sentiment de supériorité : « West against the rest», résume bien dans son article Fouad Nohra[138].

Le danger, dénoncé par Benazir in *Reconciliation,* manifeste après le 11 septembre, est de renverser la chaîne des causes et de leurs effets : qu'une telle idée d'affrontement finisse par en devenir la cause, que la peur appelle le danger au lieu de l'éloigner. Ainsi Benazir dit à propos du livre de Huntington :

> *Je crains que cette œuvre ait en réalité contribué à provoquer le conflit qu'elle a prédit. Je partage l'avis de nombreux chercheurs que le danger le plus important de la théorie du choc des*

---

136 Cf. B. Lewis, « *The roots of Muslim Rage* », The Atlantic-online, www.travelbrochuregraphics.com/extra/roots_of_muslim_rage.htm
137 Cf *supra*, chap. 3.
138 Nohra, *Une représentation, cit.*, p. 4 et suivantes.

civilisations est que cette théorie ne devienne une prophétie autogène[139].

Une fois de plus, Benazir n'est pas la seule, ni la première à réagir. Elle même tient beaucoup à s'intégrer dans une tradition tout à fait actuelle de dialogue culturel, dont l'initiative revient à l'Occident comme au monde musulman.

Quelques bonnes contributions au débat choc / dialogue

En Europe, le livre de Huntington suscita tout de suite débats, réponses et critiques : celle de Amartya Sen dans *Identité et violence* et d'Edward Saïd dans *The clash of ignorance* sont les plus connues. On citera aussi la réponse intéressante de Philippe Barbé, *L'anti-choc des civilisations. Méditations méditerranéennes*, qui propose l'unité culturelle et historique de la Méditerranée comme expérience concrète d'anti-choc[140].

Benazir ajoute des références intéressantes aux réactions d'intellectuels musulmans, pas moins dégoûté par l'image pervertie de l'Islam et des relations internationales en général que prônent les clashistes[141]. C'est la doctrine négative de *Reconciliation*, qui se bat contre le clash et pour la réconciliation et l'harmonie des peuples, pour le dialogue culturel et dont la contrepartie positive, strictement imbriquée, est la complémentarité naturelle entre Islam et démocratie.

Mais le dialogue des civilisations prend aussi facilement la couleur d'un mythe. C'est la théorie, désacralisante et extrêmement réaliste, de Régis Debray, dans son petit essai : *Un mythe contemporain : le dialogue des civilisations*[142], lecture qu'on

---

139 Bhutto, *Reconciliation, cit.*, p. 262. Dans les pages qui suivent Benazir analyse les auteurs dans la tradition desquels elle veut s'intégrer.

140 Cf. A. Sen, *Identity and violence : the illusion of Destiny*, Norton, New York 2006 ; Ph. Barbé, *L'anti-choc des civilisations*, L'aube essais, Paris 2006 ; E. Said, *The clash of ignorance*, The Nation, Octobre 2001, http://www.thenation.com/doc/20011022/said

141 Cf. Bhutto, *Reconciliation, cit.*, p. 266-279. Parmi les auteurs que Benazir cite, nous signalons en particulier les contemporains : M. Khatami, T. Ramadan et M. Arkoun.

142 R. Debray, *Un mythe contemporain : le dialogue des civilisations*, CNRS éd., Paris 2007.

pourrait conseiller à tous ceux qui, clashistes ou réconciliationistes, superposent leurs espoirs – ou leurs ambitions – à la dure leçon de l'histoire.

La culture fracture l'espèce humaine en personnalités non interchangeables – ethnies, peuples et civilisations – alors que la technique l'unit, en rendant nos objets inter-opérables [...] Une technique ancienne ou nouvelle est universalisable, non une culture [...] la culture est le lieu naturel de la confrontation, puisque c'est la forge de l'identité, et qu'il n'y a pas d'identité sans un minimum d'altercation avec un autre que soi. *Quoi qu'on fasse et dise, un nous se pose en s'opposant à un eux, comme le moi à un non-moi*[143].

Et si après tout cela on a peur, à nouveau, en Occident comme en Orient, de perdre notre identité bien aimée, qu'on lise Amartya Sen, qui était là en 1947, au moment de la Partition, et est bien placée pour nous signaler que l'*identité*, comme toute notion humaine, se dit de plusieurs manières : son sens ne dépend souvent que de la volonté des hommes.

---

143 Cf. Debray, *Un mythe, cit.*, p. 30-33.

9. ISLAM, MODERNITE ET DEMOCRATIE

Benazir n'a jamais été modeste. À la veille de son retour au pays et de la victoire de PPP, jamais si probable comme au cours de la longue année de négociations 2007, elle l'est encore moins. Dans la nouvelle édition anglaise de ce texte, augmenté d'un chapitre sur les années 1988-2007, elle écrit :

> *Très peu de gens sur cette terre ont le privilège de changer la société, de propulser dans l'ère moderne un pays. Si le débat entre partisans de la modernité et extrémistes est loin d'être clos, la condition des femmes du monde musulman a beaucoup évolué depuis 1988 [...] je suis une femme fière de mon héritage culturel et religieux. J'estime qu'il est mon devoir de faire valoir l'islam véritable – une religion tolérante et pluraliste – contre la caricature qu'en ont fait les terroristes en le détournant*[144].

Le style Bhutto a évolué, mais n'a pas vraiment changé : c'est l'imaginaire des électeurs potentiels, ainsi que des partenaires internationaux, que Benazir veut frapper. Avant de la juger, il faudrait se rappeler que c'est au Pakistan qu'elle fait de la politique, dans un pays continuellement entre les mains des militaires, et qui est au centre d'une région aujourd'hui géopolitiquement parmi les plus chaudes du monde.

Dans ce contexte international des plus difficiles, Benazir, engagée une fois de plus dans la lutte 'democracy versus dictatorship[145]', veut que son parti le PPP fasse du Pakistan un exemple concret et moderne de réconciliation.

---

144 B. Bhutto, *Fille de l'Orient. 1953-2007 : une vie pour la démocratie. Une autobiographie*, D'Ormesson, Paris 2008, p. 10-11.
145 Cf. Bhutto, *Reconciliation, cit.*, p. 17.

La leçon de l'histoire

Mais au-delà de l'analyse détaillée qu'elle fait de la théorie de Huntington et des principales critiques qui lui ont été faites[146], la réponse définitive de Benazir vient de l'histoire :

> *Après avoir passé en revue les critiques académiques du 'choc des civilisations' je reviens sur cette théorie du point de vue de quelqu'un qui a consacré sa vie à créer un pont entre les civilisations. Premièrement, la prémisse que les intérêts civilisationnels puissent remplacer les intérêts proprement nationaux n'est pas confirmée par l'histoire*[147].

Un argument historique définitif, si c'est vrai que *historia magistra vitae*.

Le deuxième argument est doctrinal, et n'est pas moins fort, si l'on fait confiance à l'histoire de la pensée et que l'on accepte que l'histoire est tout de même faite par les hommes, et que l'être humain ne change pas. Car si l'Islam était celui d'Huntington et des terroristes du 11 septembre, et bien, alors oui le choc serait inévitable, et une guerre préventive la plus urgente des réactions, devrait canaliser les efforts d'un front démocratique mondial. Mais l'histoire ne nous parle pas de cela. Le problème posé par Huntington est intéressant, sans doute, mais complètement virtuel, car l'Islam des musulmans est, continue Benazir, comme pour toutes les religions un message de paix. Cela passe avant toute incarnation étatique ou institutionnelle. Si ce message est détourné, monopolisé par les dictatures, par la corruption personnelle – et la famille Bhutto est loin d'être innocente à ce sujet – c'est à une réaction de soutien, et non de rejet, de la part des autres nations civilisées, modernes et modérées, qu'on s'attendrait...

Benazir est pour sa part dans l'heureuse mais difficile position de pouvoir parler à un public très large, car elle connaît, grâce à la tradition familiale, à ses études, à des expériences loin d'être théoriques, l'imaginaire, la langue et l'histoire des deux côtés, et parce qu'elle a appris de manière traumatisante à ne voir ni l'Islam

---

146 Cf. Bhutto, *Reconciliation*, cit., p. 233-263
147 Cf. Bhutto, *Reconciliation*, cit., p. 264.

ni « the West » comme de simples blocs. Elle s'attache à démontrer qu'Islam et démocratie sont non seulement compatibles, mais complémentaires. Ce n'est pas la première voix qui se lève en ce sens, pour une réforme de l'Islam : c'est la première qui en fait un programme politique militant. C'est le rêve, mythomane sans doute, égocentrique, obsessionnel des Bhutto. C'est aussi le rêve au nom duquel les Bhutto ont sacrifié leurs vies.

En assumant ce risque, Benazir alimente sa légende :

Je sais que j'incarne ce que les soi-disant « djihadistes » du mouvement taliban et d'al-Qaida redoutent le plus. Je suis une femme politique qui se bat pour apporter au Pakistan le modernisme, les communications, l'éducation et la technologie. Je suis persuadée qu'un Pakistan démocratique peut devenir un symbole d'espoir pour plus d'un milliard de musulmans dans le monde qui doivent choisir entre les forces du passé et celles de l'avenir[148].

Derrière cette rhétorique, dérangeante pour nos goûts d'occidentaux gâtés par le siècle des Lumières, Benazir nous livre néanmoins un message sérieux de réconciliation[149], un héritage politique et spirituel désormais posthume qu'on se doit de connaître avant de jouer, comme on le fait depuis un demi siècle déjà, avec ces belles paroles : "choc" et "dialogue", qui comme toute formule "se disent de plusieurs manières". Benazir voulait les transformer en faits politiques. A ses héritiers, politiques et spirituels, de reprendre ce défi...

---

148 Cf. Bhutto, *Fille d'Orient*, *cit.*, p. 11.
149 Les points cité se retrouvent réellement dans le *Manifesto* 2008 du PPP, cf. *infra* Annexe 1.

Précisions sur le *djihad*

Le premier cliché à éliminer pour un rétablissement de ce qui est la doctrine de l'Islam est l'idée que l'Islam ait par nature des *bloody borders*, c'est-à-dire, que la guerre sainte, le *djihad* soit celui qui a été médiatisé après le 11 septembre et que cela soit un trait structurel de l'Islam.

Une grande confusion règne en effet dans l'opinion publique, musulmane et non musulmane, sur le sens du mot *djihad*. Premièrement, le *djihad* est une notion coranique, mais n'est pas un des piliers de l'Islam[150]. Ensuite, le *djihad* coranique a une valeur avant tout psychologique et morale et n'est pas la lutte armée des islamistes. Le sens premier du mot *djihad* n'est pas un combat des armes, mais le combat de tout homme contre soi-même pour apprendre à reconnaître le bien et le mal, pour savoir maîtriser ses pulsions et les conformer à un ordre moral humain et social.

Cela est le *grand djihad* de tout homme qui se veut juste.

La prise d'armes contre l'injustice ou *petit djihad* n'est qu'une conséquence et a une importance bien mineure, car historique, alors que le *grand djihad*, lui, est un état de l'homme, universel, anthropologique, eschatologique.

La guerre sainte contre l'Occident, le *djihad* de Maududi contre un monde retombé dans les abîmes noirs de l'ignorance préislamique et peuplé d'infidèles sans morale, est non seulement une position minoritaire, mais une manipulation politique facile. C'est, en tous cas, une interprétation dépourvue de base textuelle[151].

Chaque combat a ses idéologues et au début, ils se battent sans doute pour ce qui dans leur esprit est la bonne cause. Mais ceux qui ont vu dans les guérillas pour l'Afghanistan le *grand djihad*, devoir de tous les vrais musulmans, et encore, à plus vaste échelle, ceux qui se font un devoir de s'engager au nom de l'Islam dans des attaques terroristes, se trompent dans leur lecture même des textes sacrés[152].

---

150 Sauf pour les kharidjites, cf. *supra* chap. 1.1.
151 Benazir donne toutes les références coraniques et les analyses aux pages 322-328 de *Reconciliation, cit.* Auxquelles on renvoiera.
152 Le terrorisme islamique n'a aucun support textuel dans le Coran. Le *djihad* coranique peut en revanche se comparer à la 'guerre juste' de la tradition chrétienne. cf. Thomas d'Aquin, *Summa Theologiae*, II/IIae, q.123 a.6. Cette

En plus, ce sont souvent les mêmes, précise Benazir, qui loin de s'engager pour une communauté égalitaire comme celle de la Médine des origines, usent de discrimination envers les femmes et les minorités – les mêmes, précise-t-elle encore, qui sont victimes de leur ignorance, et c'est la manipulation de l'ignorance du peuple qui fait la force de tout totalitarisme. Car l'un des piliers de la démocratie est l'éducation, alors que les clashistes ridiculisent les autres cultures et les autres religions, se battent contre la technologie et la modernisation[153], attitude qui n'est sûrement pas celle de l'Islam des origines, avide de savoir jusqu'à l'obsession[154].

Par ailleurs, cet âge classique doré n'est parfait que dans le mythe et s'accompagne d'une réalité violente, pas du tout égalitaire, conforme à son époque mais aujourd'hui dépassée par l'histoire. On peut espérer mieux qu'un retour aux origines. Et c'est justement par le développement des sciences et des technologies, par un savoir scientifique qui est le patrimoine de l'humanité, qu'on pourrait avancer, non pas par le choc des imaginaires, qui est constitutionnel à toute culture car l'imaginaire est le reflet des traditions et les traditions regardent vers le passé, pas vers l'avenir. Benazir, dans sa rhétorique, avait choisi une belle image lorsqu'elle opposait, dans le combat pour un Pakistan démocratique, les forces du passé contre celles de l'avenir.

---

guerre juste, commencée par les compagnons du prophète, aurait passé, pour des raisons historiques, d'un état de combat ouvert à un état 'dormant'. La 'suspension du *djihad'* au nom de la paix, expliquée par certains juristes par des raisons historiques, ne serait que provisoire. Le *djihad* n'est pas un des piliers de l'Islam, bien sûr (sauf pour les kharidjites, rappelle Benazir) mais du discours de Benazir, on déduit facilement que le *djihad* demeure un devoir du croyant, en tant que guerre défensive qui a toujours existé dans un état latent susceptible de se réveiller. Or cette vision, si elle sort du plan purement intellectuel dans lequel voudrait la confiner Benazir, est facilement susceptible d'une interprétation très dangereuse. Cf. Bhutto, *Reconciliation, cit.*, p. 23.

153 Cf. Bhutto, *Reconciliation, cit.*, p. 19.

154 Que l'on pense seulement au Bagdad du Xème siècle et à des expériences comme la *bayt-al hikma.* Cf. Gutas, *Greek Thought, cit.* et M.-G. Balty Guesdon, *Le bayt al-hikma de Bagdad*, "Arabica", XXXIX (1992), p. 131-150.

La lutte pour la démocratie

Si le principal but de *Reconciliation* et la motivation qui a poussé Benazir à publier cet essai sont de rectifier l'image détournée du monde musulman qu'en donnent, en Orient comme en Occident, les clashistes, et de rétablir une image ouverte et tolérante de l'Islam, le point le plus intéressant de la doctrine positive de *Reconciliation* est sûrement la réflexion que fait Benazir sur le rapport entre Islam et démocratie[155].

Benazir reconnaît en effet que l'Islam vit une double crise identitaire, interne et externe. Le Pakistan reflète cette crise. Il vit aussi un double conflit, interne et externe. Le titre du deuxième chapitre de *Reconciliation* est révélateur :

La bataille de l'Islam : démocratie contre dictature, modération contre extrémisme[156].

L'ordre choisi est important. « Modération contre extrémisme » représente bien, en effet, l'Islam historique tout entier, depuis sa fondation et dans sa diversité géographique. Il représente aussi l'Islam intellectuel, depuis la polémique mutazilite à Bagdad au IXème siècle jusqu'à la fondation, dans les années 20 en Egypte, en pleine *Nahda*, de la Confrérie des Frères Musulmans[157].

«Démocratie contre dictature » représente précisément l'histoire du Pakistan. Le Pakistan est un état moderne : il n'a pas d'histoire propre avant 1947. Il naît comme expérience de modernisme des cendres de l'Inde médiévale et coloniale, et est l'héritier direct de l'idéologie moderniste née dans les années 20-30 dans les cercles intellectuels du Moyen-Orient et dans les universités européennes où les plus grands intellectuels musulmans ont étudié ; ces mêmes intellectuels éclairés qui deviennent hommes politiques dans l'après-guerre, au moment du nationalisme et des indépendances des années 40-50, à savoir, pour le Pakistan, Jinnah (1876-1948) et Iqbâl, (1877-1938) d'abord[158] et ensuite Zulfiqar Ali Bhutto (1928-1979) père de Benazir. La quête de démocratie au Pakistan, pour

---

155 Cf. Bhutto, *Reconciliation*, *cit.*, p. 18, 20-22, 64 et suivantes.
156 Cf. Bhutto, *Reconciliation*, *cit.*, p. 17.
157 Cf. *supra* chap. 5.
158 Cf. *supra* chap. 4.

continuer le parallèle, incarne le courant modéré, mais n'a pas l'exclusivité du modernisme. Benazir a très bien choisi ses mots. L'Islam radical aussi s'est réveillé au XX siècle et s'est fait idéologie à partir des années 20. L'Islam comme idéologie est un Islam moderne. La Turquie d'Atatürk, la Tunisie de Bourguiba sont des expériences d'Islam politique moderne (mais pas des démocraties), ainsi que l'Iran du Schah avant la révolution de Khomeiny. L'islam a déjà réussi à intégrer la modernité et a ouvert un dialogue sur la modernité alors que l'Occident s'amusait encore au grand jeu de l'orientalisme. C'est le grand conflit interne de l'Islam contemporain, celui entre démocratie et dictature : car les deux expériences citées (Tunisie et Turquie) ont dégénéré, les gouvernements post-coloniaux ont trop souvent tourné à la dictature et le Pakistan lui-aussi, né comme état laïc et tolérant, a passé, au moment où Benazir écrit, la moitié de ses 60 ans d'existence sous la coupe de dictatures militaires.

Le défi de Benazir, qui fut celui de son père, est d'affirmer cet Islam moderne en tant que démocratie, par réponse politique militante contre la dictature militaire. La lutte entre la démocratie, incarnée dans le Parti du Peuple Pakistanais, et la dictature militaire a écrit l'histoire du Pakistan. D'abord entre Ayub Khan et Zulfiqar ; ensuite entre le PPP des Bhutto contre la dictature sanglante et ouvertement conservatrice de Zia, soutenu par le plus militant des représentants du courant dogmatique de l'Islam, Maududi, qui fit de l'extrémisme religieux un parti politique ; et enfin, récemment, entre Musharraf et Benazir qui accuse ouvertement son adversaire d'avoir laissé l'Islam radical, autrefois étatique sous Zia, dégénérer au-delà de l'état en terrorisme international. Le but des terroristes islamistes est double. Ils souhaitent précisément une révolution sociale et politique globale qui instaure le califat, pour une communauté musulmane et islamiste unique et compacte à travers le monde. Et préalablement à cela, ils veulent provoquer le 'choc des civilisations' entre l'Occident et 'une interprétation de l'Islam qui refuse le pluralisme et la modernité', par une véritable 'explosion' entre les valeurs de l'Occident et ce qui serait selon les terroristes les valeurs de l'Islam[159].

---

159 Cf. Bhutto, *Reconciliation, cit.*, p. 2.

Si en effet l'Islam était l'Islam de Zia et Maududi, l'Islam des terroristes et celui médiatisé après le 11 septembre, dont le but et la devise sont de semer la confusion, alors le choc serait inévitable et l'instauration d'une démocratie incompatible avec l'esprit du peuple pakistanais. La réponse à cet Islam, un Islam perverti, détourné, qui anime la scène internationale d'un monde globalisé, vient, selon Benazir et dans le plus pur esprit socialiste du PPP, du peuple, à savoir, des musulmans :

La plupart du milliard de musulmans de la planète professe une religion pacifique, tolérante, ouverte, rationnelle [...] qui porte en soi les valeurs de la démocratie[160].

Cet Islam existe certainement dans l'esprit des musulmans, mais malheureusement, par la faute des deux côtés, musulmans et non musulmans sans doute, ce n'est pas cet l'Islam qui s'exprime en politique. Benazir le sait bien lorsqu'elle conclut elle-même le paragraphe par une considération personnelle colorée de fierté mais aussi d'amertume, en admettant que cette interprétation de l'Islam est celle qui lui a été transmise par son éducation familiale, et que « le véritable Islam, et non l'image perverse qui en est offerte par les extrémistes et les militants ni la caricature trop souvent acceptée par l'Occident ». La charge émotionnelle est manifeste[161]. Benazir se livre ici à la campagne électorale : le peuple pakistanais, les véritables musulmans, tous les musulmans qu'il soient chiites ou

---

160 Cf. Bhutto, *Reconciliation*, *cit.*, p. 20.
161 Dans la prose de *Reconciliation* on retrouve le style émotionnel typiquement oriental des discours publics des campagnes de Benazir et de son père avant elle. Cf. L. Baixas, « La famille Bhutto ou les *martyrs de la démocratie* au Pakistan », « La Bhutto ou les *martyrs de la démocratie* au Pakistan », http://echogeo.revues.org/index2663.html
Le même ton a souvent animé les conférences de Benazir à l'UNESCO, cf. http://www.ppp.org.ppp. On fait ici volontairement abstraction de la charge émotionnelle pour ne restituer que la doctrine, négative (contre le choc des civilisations) et positive (pour une république islamique démocratique). Il sera pourtant nécessaire de lire le livre, d'écouter les conférences de Benazir, de voir les vidéos de ses allocutions sur le terrain devant le peuple pakistanais pour comprendre l'entité du 'phénomène Benazir', et l'impact général sur le sous-continent indien de la saga familiale des Bhutto, saga qui continue avec la même charge émotionnelle. Cf. le documentaire vidéo : *Benazir Bhutto. L'espoir d'un peuple*, 51min58 sec, Roshanara Arkund – Rémi Dantec, Studio K 1989.

sunnites, mais aussi les minorités, voteront PPP parce que le PPP milite pour le véritable Islam, qui « professe la paix, la tolérance, l'égalité et la démocratie».

C'est là le plus grand préjugé positif de Benazir, que de croire que le véritable Islam est l'Islam professé par sa famille, alors que les Bhutto sont un exemple peu commun d'intellectuels éclairés qui ont par rapport à la religion une attitude de distance tout à fait moderne, mais pleine d'intérêt aussi et pas tout à fait innocente : Zulfiqar dans les années 60 et Benazir dans les années 80, ont payé cher la prétention de pouvoir maîtriser et exploiter les tendances extrémistes. Cet Islam radical qui a massacré la famille Bhutto est désormais le cauchemar et l'obsession de Benazir, leader en exil de l'opposition à la dictature de Musharraf, lorsqu'elle demande de nouvelles élections et prépare son retour au pays.

Pour Benazir, l'Islam politique doit arriver à la démocratie parce que la démocratie fait partie de l'histoire de l'Islam.

Démocratie et Islam sont non seulement compatibles, mais complémentaires[162].

Le risque est structurel : glorifier le passé, souhaiter le retour aux origines, à la *shura* de Médine[163] et rêver de pouvoir renouveler cette expérience dans la Constitution du Pakistan[164].

Les structures politiques et sociales de Médine du temps du Prophète, qui [...] ont encouragé le développement de l'âge d'or de l'Islam, furent remplacées au fur et à mesure par des modèles traditionalistes [...] résistant à toute adaptation et changement. Les extrémistes d'aujourd'hui voudraient congeler l'Islam en un dogme rigide, en négligeant non seulement le pluralisme du Coran, mais aussi le gouvernement démocratique de Médine du temps du Prophète[165].

---

162 Cf. Bhutto, *Reconciliation, cit.*, p. 22.
163 Cf. Bhutto, *Reconciliation, cit.*, p. 71.
164 Cf. Bhutto, *Reconciliation, cit.*, p. 75.
165 Cf. Bhutto, *Reconciliation, cit.*, p. 66.

C'est le même anachronisme des historiens européens qui glorifiaient Athènes et Périclès du Vème siècle comme l'âge d'or de la démocratie en Occident contre la monté des fascismes[166].

En revanche, Benazir a bien raison d'affirmer que l'élan démocratique ne peut pas être imposé mais viendra, si nécessaire, des musulmans, à savoir du peuple pakistanais et que seules des élections libres pourront répondre à ce dilemme. Et elle dépasse enfin son point de vue, légitime et sincère, mais personnel, lorsqu'elle a enfin le courage d'affirmer :

> *La démocratie n'est pas une valeur propre à la politique occidentale. C'est une valeur universelle*[167].

Ce qu'il faudrait effectivement rappeler à tous ceux qui perçoivent l'établissement de la démocratie en terre musulmane comme une ingérence de l'Occident. Le risque est, encore une fois, des plus classiques, confondre universel et général : la démocratie est une valeur universelle, mais tout le monde en réclame la paternité. Et Benazir risque elle aussi de tomber dans le piège, lorsqu'elle se demande :

> *Il est intéressant de remarquer que l'on doive toujours se poser la question de l'Islam et de la démocratie. A ma connaissance, il n'y a eu aucune enquête intellectuelle sérieuse sur 'Judaïsme et démocratie' ou 'Hindouisme et démocratie' ou 'Christianisme et démocratie' [...] l'Islam est une religion, non une structure sociale entière*[168].

Aurait-elle oublié Benazir que le Pakistan est une 'République *islamique*'? Dans un pays qui fait de la religion son identité et sa justification étatique, la question se pose nécessairement de savoir jusqu'à quel point politique et religion sont intimement liées, au Pakistan comme dans plusieurs pays musulmans, à la différence, il faut bien le reconnaître, de la plupart des pays d'Europe, des USA et d'Israël.

---

166 Cf. M. I. Finley, *Démocratie antique et démocratie moderne*, Payot, Paris 1990.
167 Cf. Bhutto, *Reconciliation, cit.*, p. 85.
168 Cf. Bhutto, *Reconciliation, cit.*, p. 62.

Sécularisme et laïcité. Un problème.

Cependant le vrai problème est ailleurs : c'est la division entre pouvoir temporel et spirituel. Cette séparation, désormais assumée, même si ce ne fut pas toujours le cas par le passé est aujourd'hui officiellement intégrée dans la plus grande partie du monde 'occidental', mais cette séparation que Benazir appelle *sécularisme* reste apparemment encore très délicate dans le monde sémitique.

Jinnah voulait un pays laïc pour les musulmans indiens, où ils seraient libres de pratiquer leur culte et ne seraient pas victimes de discrimination, à la différence de ce qui se passait dans les Indes coloniales et se passerait dans l'Inde indépendante hindoue de Gandhi. Dans le Pakistan de Jinnah la religion serait un fait personnel et non une affaire d'État.

Vous êtes libres. Vous êtes libres de vous rendre à vos temples, vous êtes libres de vous rendre dans tous les lieux de culte dans cet État du Pakistan. Vous pouvez appartenir à n'importe quelle religion, caste, foi, cela n'a rien à voir avec les affaires de l'État. Nous voulons commencer par ce principe fondamental que nous sommes tous des citoyens, citoyens à part égale d'un seul État. Et je crois que nous devrions assumer cette idée comme guide, et nous verrons qu'au cours du temps, les Hindous cesseront d'être Hindous, et les Musulmans d'être Musulmans, non au sens religieux, ce qui est l'affaire personnelle de chaque individu, mais au sens politique en tant que citoyens de l'État[169].

Mais l'histoire du Pakistan a été une histoire d'islamisation progressive du pays, qui a trouvé dans l'Islam sa raison d'être et son identité, jusqu'aux extrêmes islamistes de Zia.
Benazir voit bien ce que l'époque Zia a signifié.
Un des grands reproches de Benazir à Zia est d'avoir miné l'unité des musulmans pakistanais, qui faisait l'identité et la seule force du pays. Or, là où il y a crise identitaire, le terrain est

---

169 Muhammad Ali Jinnah, 11 août 1947, *Discours du Président à l'Assemblée Constituante du Pakistan*, traduction de l'auteur.

favorable à la montée du totalitarisme et des extrémismes. Zia imposant l'idéal de l'Islam radical sunnite de Maududi, les différences doctrinales internes de l'Islam historique ont pris une coloration dramatique qu'elles n'avaient pas avant[170].

L'Islam en revanche, historiquement très diversifié, est par ce fait même structurellement ouvert à la différence. Benazir affirme :

> *L'Islam assume comme principe fondamental le fait que les humains ont été créés selon différentes sociétés et religions, et qu'ils resteront différents [...] c'est un trait remarquable et unique, que le Coran reconnaisse que les autres religions puissent amener au Salut [...] je ne crois pas qu'il existe rien de pareil dans aucune autre religion du monde*[171].

Mais le grand reproche de Benazir à Zia, Maududi et al-Zarqawi, chef de l'ISI sous Zia, est que leur politique a signifié pour le Pakistan « la fin de la division entre mosquée et état »[172] : la fin du rêve d'un état laïc et séculaire qui était l'expérience de Jinnah.

Et pourtant, Benazir aussi a un problème linguistique avec ce mot, 'sécularisme', devise de toutes les démocraties modernes.

Elle insiste sur le fait qu'aucun des livres sacrés du monothéisme, c'est-à-dire ni la Bible ni la Torah ni les Evangiles, ne passerait l'examen de la démocratie moderne[173]. Encore une fois, la question est mal posée, car aucune véritable démocratie ne prétendrait gouverner un pays par une constitution fondée sur les Evangiles ou sur la Torah. Même pas Israël. Une remarque linguistique de Benazir est fort significative :

> *Le mot « sécularisme », employé dans le monde occidental pour signifier la séparation entre État et religion, signifie souvent*

---

170 Cf. Bhutto, *Reconciliation, cit.*, p. 57 et p. 78. Cf. *supra* chap. 2.
171 Cf. Bhutto, *Reconciliation, cit.*, p. 31. On voit ici que Benazir, bien que d'esprit ouvert et modéré, est musulmane. Aux historiens des religions de juger la douteuse neutralité de son avis.
172 Cf. Bhutto, *Reconciliation, cit.*, p. 56
173 Cf. Bhutto, *Reconciliation, cit.*, p. 63.

« athéisme », ou rejet de Dieu, lorsqu'il est traduit dans d'autres langues, notamment en ourdou au Pakistan[174].

Benazir se confond ensuite dans une prolifération de citations d'autorités (le Président de l'Aga Khan University) et d'arguments ; néanmoins, sa conclusion est que le mot "sécularisme" n'a pas de traduction en ourdou et qu'il n'a pas d'équivalent dans la mentalité musulmane. Sa défense devient presque ridicule. Elle qui connaît si bien le poids du langage, devrait plutôt s'attacher à une nouvelle explication, à une nouvelle traduction. Elle préfère glisser à côté du problème.

Nous ne pouvons pas parler de sécularisme, qui pour les musulmans est une notion ambiguë, et un terme souvent controversé. Au lieu d'utiliser des termes qui tombent facilement dans le piège rhétorique tendu par les extrémistes pour dénigrer les éléments de la société moderne et démocrate, nous devrions exploiter des éléments tels que la liberté de voyager, de travailler [...] ces points, plus que le terme « sécularisme », signifient la compatibilité entre Islam et valeur démocratiques[175].

Des paroles difficiles à accepter quand elles viennent d'un leader politique qui voudrait se faire le pont entre deux mondes. Comment faire un lien si on parle deux langues différentes? Est-il vraiment concevable que la séparation des pouvoirs temporel et spirituel revienne à une profession d'athéisme? Est-il possible que la culture musulmane ne puisse pas concevoir cette séparation? Une séparation qui revient à la séparation encore plus profonde et fondamentale entre conscience individuelle et citoyenneté?

---

174 Cf. Bhutto, *Reconciliation*, cit., p. 76.
175 Cf. Bhutto, *Reconciliation*, cit., p. 77.

L'Islam de Benazir

Benazir, enfant d'une famille éclairée, fille de père sunnite et de mère chiite, étudiante dans un pensionnat catholique, puis à Harvard et à Oxford, a de la religion musulmane une perception privilégiée et très spéciale. L'Islam de Benazir est fait de discussion, d'échange, de débat : c'est l'Islam de l'*ijtihad* et de l'*ijma* qui sont des notions historiques de l'Islam, mais n'ont pas fait l'histoire de l'islam, surtout pas l'histoire de l'Islam politique[176].

Pour que l'Islam idéal, tolérant et ouvert envisagé aux origines par la première communauté musulmane – qui elle non plus ne put le mettre en pratique car d'autres priorités, de survie et de pouvoir, pressaient – pour que cet Islam tout positif et encore virtuel puisse avoir une chance de se traduire en réalité politique, il faudra accepter comme un des traits de sa modernité un rapport différent entre état et mosquées. Cela ne peut passer très concrètement que par des amendements à la Constitution pakistanaise, que Benazir n'a pas réalisés durant ses deux premiers mandats et qui n'étaient pas prévus dans le *Manifesto* 2008. On peut se demander si, par la suite, Benazir se serait acheminée dans cette voie.

Le Manifesto 2008 du PPP

Benazir termine *Reconciliation* en 2007, tout en poursuivant les négociations avec Musharraf pour rentrer au pays. En même temps, entre Londres et Dubaï, elle élabore le *Manifesto* pour les élections 2008, qui doit être l'incarnation concrète et militante de sa pensée politique.

Dans *Reconciliation,* Benazir pose six points comme fondamentaux pour une démocratie stable et durable[177], s'inscrivant

---

176 Si on regarde l'Histoire, on voit que les états musulmans les moins tolérants sont ceux où l'islam est religion constitutionnelle de l'état : l'Iran, l'Arabie Saoudite, le Pakistan de Zia. Le problème est donc bien le rapport entre pouvoir religieux et politique, et non la forme de gouvernement : l'Irak de Saddam ou la Syrie d'Assad avaient bien intégré les minorités religieuses. Il s'agissait néanmoins de dictatures. Un Pakistan démocratique ne retrouvera la sérénité que s'il accepte de régler le problème du rapport entre pouvoir religieux et pouvoir politique : c'est sans doute ce qui le fera entrer de plein droit dans la modernité.

177 Cf. Bhutto, *Reconciliation, cit.*, p. 275 et suivantes.

tous dans un plan de coopération international qui n'est pas sans accuser la communauté internationale des précédents échecs du PPP :

La démocratie a besoin de soutien, et le soutien à la démocratie doit venir des autres démocraties[178].

Cette démocratie enfin durable devra se baser sur :
- la reconstruction économique du Pakistan par une classe de jeunes entrepreneurs qui sachent faire le pont entre économie traditionnelle et nouvelles exigences du marché global;
- la légitimité politique (la lutte pour des élections libres) ;
- la liberté de parole (grand combat du PPP déjà dans les années 80 et 90) ;
- une reforme de l'instruction, qui soit émancipée des écoles coraniques traditionnelles et s'inscrive dans le programme mondial UNESCO de l'éducation pour tous (EFA) ;
- l'émancipation des femmes[179] ;

---

178 Cf. Bhutto, *Reconciliation, cit.*, p. 275.
179 On traite volontairement dans une note un sujet bien trop exploité par les médias (les quelques bibliographies existantes sur Benazir ne parlent effectivement que de cela). En effet, Benazir discute un des points les plus problématiques de la culture musulmane : le rôle de la femme. Interdire aux femmes l'accès à l'instruction, l'une des premières démarches d'une société islamiste, non seulement n'est pas cohérent avec la véritable tradition de l'Islam, mais va à l'encontre de la parole du Coran, qui lui, invite à l'instruction et à l'éducation, tel le message de la première révélation : 'lis!'. Une société véritablement musulmane, prétend Benazir, garantit aux femmes les droits civils, économiques, et politiques. Ce qui n'est pas vrai dans la pratique politique, y compris sous le gouvernement de Benazir, bien que des progrès soient certains. Il est vrai que ce serait un processus qui demanderait bien plus que le temps que les circonstances ont laissé à Benazir...
Pour Benazir, le *Coran* fourmille d'exemples de respect et de reconnaissance de la femme. La première personne à adhérer à l'Islam fut une femme émancipée, Khadijah la femme du prophète. Le premier mot du Coran, souligne-t-elle, est : 'lis'. Benazir insiste beaucoup sur ce point et à plusieurs reprises : 'Il ne dit pas : homme, lis. C'est un impératif pour tous les croyants, et pas seulement pour les hommes'. Or cette remarque est intéressante mais elle ne tient pas, et par ailleurs, elle n'est pas nécessaire. Lors de la première révélation, l'ange Gabriel ordonne à Muhammad de lire, donc l'impératif est forcément au masculin. Par ailleurs, l'arabe ne connaît pas le genre neutre, donc on ne peut pas faire une distinction entre 'homme, lis' et 'humain, lis' (alors qu'il est très possible de dire au féminin :

- la lutte contre le terrorisme, qui passe avant tout par une condamnation officielle de la violence par l'état, mais aussi par une influence moins grande de l'ISI.

Ces propos s'incarnent tous dans le *Manifesto* 2008 du PPP, dont le texte est disponible sur le site officiel du PPP (www.ppp.org.pk) et dont on va souligner les points les plus significatifs à la lumière des événements de 2008[180].

Ce qu'il faut surtout remarquer de surprenant dans ce *Manifesto* 2008 du PPP, conçu en 2007 en vue d'une association au pouvoir en place de Musharraf, est qu'il est beaucoup plus proche du programme de la PML-N de Nawaz Sharif, son adversaire historique, que de celui du PML-Q du Président Musharraf. Le

---

'femme, lis', mais cela ne concerne pas notre exemple car ici l'ange s'adresse à Muhammad). Benazir ne nous donne pas d'autres exemples, mais elle conclut : 'car dans la religion de l'Islam dans laquelle j'ai été élevée, il n'y a que de l'égalité'. Voilà le problème : Benazir a une vision de l'Islam qui est trop subjective et qui l'amène parfois à une rhétorique de campagne qui ne contient pas une analyse doctrinale sérieuse.

Le problème, signale Benazir, est qu'au Pakistan comme ailleurs les tensions religieuses en cachent d'autres aussi profondes et enracinées. Au Pakistan en particulier, les valeurs, jamais oubliées, comme la *burqa* pour ne citer que l'exemple le plus délicat pour les médias, refont surface (cf. Bhutto, *Reconciliation, cit.*, p. 44). Et les habitudes tribales, qui souvent n'ont rien à voir avec l'Islam, sont néanmoins très rigides. C'est beau de le souligner, mais malheureusement il faut reconnaître que cette nature flexible de l'Islam est rarement appliquée en réalité dans les sociétés musulmanes actuelles qui laissent ces valeurs tribales s'affirmer et les utilisent pour affirmer le contrôle des armes sur une population souvent très ignorante et craintive.

180 Si l'on parcourt le *Manifesto* PPP pour les élections législatives 2008, on voit bien que, derrière la rhétorique habituelle, le contenu du programme est le reflet de ce *credo*. Si on le compare enfin aux précédents manifestes PPP, on voit que le Nouveau Manifeste du PPP élaboré par Benazir diffère légèrement de celui de son père à sa fondation en 1967, mais en respecte l'esprit et les lignes fondamentales : *Islam is our religion, democracy is our politics, and socialism is our economy and all power to people* est toujours le *credo* du parti et son idée directrice. Benazir remplace le socialisme de Zulfitar par la démocratie sociale, promet de contenir l'inflation, les taxes, programme des travaux publics, une police, des quotas de postes de travail pour les minorités, ce qui demande bon nombre d'amendements au système politique de Musharraf. Tous ces documents sont disponibles sur le même site www.ppp.org.pk. Pour une analyse plus détaillée cf. Cohen, *The idea, cit.* ; Talbot, *Provincial Politics, cit.*

Manifeste inclut en effet la *Charter of Democracy* (COD) signé par Benazir Bhutto et Nawaz Sharif à Londres avant le retour d'exil.

Le résultat des élections et les événements qui portent, en août 2008, à la démission de Musharraf, confirme cette alliance, qui se perdra malheureusement avec la présidence de Zardari.

Mais revenons au *Manifesto*. Une partie des négociations avec Musharraf a sans doute été conduite en secret. Pourtant, dans le nouveau *Manifesto*, plusieurs points sont en conflit ouvert avec sa politique[181]. Sur le plan strictement politique, le *Manifesto* demande le retour à une démocratie parlementaire, avec le transfert de la plupart des responsabilités et des pouvoirs civils du Président au Premier Ministre : l'élection des gouverneurs, des chefs de service et de la Cour suprême de Justice passe au Premier Ministre, qui est aussi le chef de l'exécutif ; le Conseil National de Sécurité est remplacé par l'ancien Defense Committee of the Cabinet (DCC), dirigé par le Premier Ministre ; le National Accountability Bureau est remplacé par une Commission Comptable Indépendante ; le programme nucléaire est placé sous le contrôle d'une commission dirigée par le premier ministre ; toutes les agences de sécurité, y compris le ISI et la Military Intelligence, doivent répondre au premier ministre ; le budget défense doit être discuté par le Parlement. L'idée même de république présidentielle est en question. Alors que les deux derniers points – Military Intelligence et nucléaire – érodent directement le pouvoir de l'armée. La bureaucratie et l'armée sont en effet depuis toujours l'obsession des Bhutto, qui les a empêché dans le passé de décentraliser leur pouvoir et d'institutionnaliser le PPP dans des organes démocratiques véritables. En 2007, Benazir semble enfin avoir l'intention de le faire.

---

181 Et aussi avec l'image qu'il a voulu donner de lui, cf. son autobiographie : P. Musharraf, *In the line of fire – a memoir*, Pocket books, London 2006. Le *Manifesto* affirme par exemple que le PPP a introduit dans le pays la liberté d'expression et notamment le libre usage d'internet et des médias électroniques, ce qui est vrai en partie, car Musharraf a introduit internet en 2002, sans pouvoir ensuite le maîtriser comme il souhaitait, ce qui a eu un poids non négligeable dans les événements de 2007 et 2008 qui ont précédé sa démission.

EPILOGUE

Lorsque Musharraf prend le pouvoir en 1999, il envoie Benazir en exil ; l'instabilité politique est donc une constante dans l'histoire du Pakistan, qui aura passé la moitié de sa courte histoire nationale sous des dictatures militaires. Musharraf craint de nouveaux amendements de la Constitution qui pourraient affaiblir son pouvoir. Juste après le coup d'état, il crée un gouvernement de transition qu'il contrôle entièrement : les élections parlementaires d'octobre 2002, dans un climat de pressions nationales et internationales extrêmes (un an après les attentats du 11 septembre et l'invasion de l'Afghanistan par les États-Unis[182]), voient la scission de la Ligue Musulmane et la victoire du PML-Q, sa section pro-Musharraf (désormais différente du PML-N de Nawaz Sharif). Musharraf devient le Président élu du Pakistan et, en 2003, il fait voter un amendement qui transforme à nouveau le Pakistan en République Présidentielle, comme sous Zia – alors qu'il s'agit en réalité d'une dictature militaire, puisque, tout comme Zia, Musharraf conserve aussi le titre de Chef de l'Armée.

Après tant d'années de désordres internes, le gouvernement Musharraf semble potentiellement positif pour le pays. Sur le plan international, il gère bien le difficile post-11 septembre, retrouve la confiance des Nations Unies et récupère les aides économiques américaines. Mais en politique intérieure, la paix n'est qu'une apparence. Les élections de 2002 laissent les organisations islamistes se renforcer : le Muttahida Majlis-e-Amal (MMA), coalition de 6 partis islamistes, obtient 11,3 % des votes, soit 63 sièges à l'Assemblée Nationale. En particulier, le MMA est le parti

---

182 J.-L. Dufour, *Irak et Afghanistan, les deux lièvres*, 'Enjeux diplomatiques et stratégiques 2007), p. 191-197 ; A. Lamballe, *Le Pakistan, Pays perturbé et perturbateur*, 'Enjeux diplomatiques et stratégiques 2006, p.286-301 ; Idem, *La montée des nationalismes en Asie du Sud*, 'Enjeux diplomatiques et stratégiques 2007), p. 227-236 ; Idem, *Iran, Pakistan, Afghanistan : un triangle conflictuel*, 'Enjeux diplomatiques et stratégiques 2008, p. 116-124.

majoritaire dans la NWFP : rien de surprenant car cette région est frontalière de l'Afghanistan taliban, que Musharraf combat officiellement, mais que le ISI soutient officieusement pour prévenir une éventuelle influence indienne dans la région. Musharraf manipule ce résultat, en promettant au MMA de démissionner de l'armée en échange de son soutien pour un nouvel amendement de la Constitution qui renforcerait les pouvoirs du Président, amendement qui sera effectivement adopté en 2003.

Mais en 2007, lorsque approche la fin de son mandat présidentiel, Musharraf est toujours Chef de l'armée.

Le scandale éclate en mars 2007, lors du renvoi, puis de la réintégration sous pression de la société civile et de la communauté internationale, du juge Iftikhar Muhammad Chaudhry. Cette affaire, qui a spécialement retenu l'attention de la Fédération Internationale des Droits de l'Homme (FIDH)[183], a, pour la première fois depuis des années de silence et de peur, massivement mobilisé la société civile pakistanaise[184]. Elle reçoit, pour la première fois dans l'histoire politique intérieure du pays, une couverture médiatique internationale[185], ce qui est d'importance capitale pour comprendre le retour d'exil de Benazir Bhutto et le jeu d'alliances qui aboutirent à la destitution de Musharraf.

Iftikhar Muhammad Chaudhry est président de la Cour Suprême du Pakistan depuis 2005 et, depuis la même année, il mène une lutte discrète mais ferme contre le régime de Musharraf, en particulier en ce qui concerne les ingérences dans le système judiciaire et les violations des Droits de l'Homme[186]. Le 9 mars 2007, sous couvert d'une accusation de corruption, mais en réalité en réponse entre autres à la pression qu'il exerce pour que Musharraf démissionne de l'armée, et aussi parce qu'il a dénoncé la corruption du gouvernement dans l'affaire des Aciéries du Pakistan, il est suspendu de ses fonctions. En cinquante ans d'histoire de la Cour Suprême, c'est la première suspension d'un juge pour mauvaise conduite.

---

183 Cf. www.fidh.org/IMG/pdf/Pakistan514fr2008.pdf.
184 Cf. S. Akbar Zaidi, *An emerging civil Society?*, "Journal of Democracy" (19/4) 2008, p. 38-40.
185 Cf. Zarafullah Khan and Brian Joseph, "Journal of Democracy" (19/4) 2008, *The Media take center stage*, p. 32-37.
186 www.fidh.org/IMG/pdf/Pakistan514fr2008.pdf

Des émeutes éclatent dans le pays. A l'occasion de la visite de Chaudhry à Karachi, le 12 mai, les affrontements entre les supporteurs de Chaudhry et les forces de Musharraf font 40 morts. Musharraf ayant ouvert le pays à Internet et à une liberté relative de la presse, les images font le tour du monde ; la communauté internationale, le FIDH, les USA interviennent. Dans le pays, les juges de la Cour s'organisent en mouvement militant. Le mandat présidentiel de Musharraf s'achève, et la pression est énorme. Le 20 juillet, la Cour Suprême déclare illégale la suspension de Chaudhry et le fait réintégrer.

C'est alors que Musharraf s'adresse à Benazir Bhutto, toujours leader du PPP, et toujours en exil, et lui propose de rentrer au pays et de s'associer à son gouvernement, en échange de son soutien contre le mouvement des juges et de participer aux nouvelles élections présidentielles. Le 5 octobre 2007, à la veille du ballottage pour les élections, et avant un accord définitif avec Benazir, Musharraf lui accorde l'amnistie : c'est la National Reconciliation Ordinance (NRO) qui blanchit Benazir, son mari Asif Zardari et d'anciens cadres du PPP de toutes les accusations de corruption, court-circuitant une nouvelle fois l'autorité judiciaire de la Cour Suprême.

Le 6 octobre 2007 Musharraf remporte les élections. Mais selon un décret de la Cour Suprême il ne pourra être proclamé président officiellement tant qu'il demeure à la tête de l'armée. Le 3 novembre, Musharraf déclare la loi martiale : la Cour Suprême est suspendue et par conséquent son président, Chaudhry, également.

Le même jour Benazir, provisoirement à Dubaï après son retour officiel d'exil en octobre, rentre définitivement au Pakistan. Musharraf remet à plus tard les élections législatives prévues pour janvier. Le 7 novembre, Benazir appelle à manifester en masse contre l'état d'urgence. Le lendemain Musharraf promet des élections législatives avant le 15 février 2008. Benazir est à nouveau assignée à résidence. Son assignation levée, elle lance devant la presse internationale l'appel à une « longue marche » le 13 novembre entre Lahore et Islamabad pour exiger la fin de l'état d'urgence et les législatives en janvier. Deux jours après, Musharraf annonce la dissolution du Parlement pour le 15 novembre, la tenue d'élections législatives avant le 9 janvier 2008 et l'abandon de son poste de général de l'armée. Benazir menace de boycotter les élections si l'état d'urgence n'est pas levé, et réclame la démission de Musharraf. Elle propose à Nawaz Sharif de rentrer d'exil et de former une alliance, ce qu'il accepte. Le *Manifesto* PPP 2008 est le miroir de cette nouvelle alliance.

Le 28 novembre, trois jours après la candidature de Benazir pour le PPP dans la région de Karachi, Musharraf démissionne enfin de l'armée. Le 29 il prête serment pour un second mandat et annonce la levée de l'état d'urgence pour le 16 décembre, et des élections législatives transparentes et démocratiques pour le 8 janvier, auxquelles Benazir participera comme candidate du PPP. De tous les candidats, elle apparaît clairement comme celle qui a le plus de chances de gagner.

Mais le 27 décembre, dix jours avant les élections, Benazir meurt assassinée dans un attentat suicide.

Le 18 février 2008 ont lieu au Pakistan, pour la première fois dans l'histoire du pays, des élections libres. Le Parti du Peuple Pakistanais remporte les élections avec une grande majorité. Tant bien que mal, le PPP qui monte au pouvoir au Pakistan est le parti de Benazir, le parti des Bhutto.

CONCLUSION

En tant qu'État non arabe, le Pakistan a une expérience particulière de l'Islam, comparable en théorie à celle de l'Iran mais véhiculant des tensions nouvelles et des ambitions uniques dans le monde musulman. Premier parmi les états musulmans, le projet-Pakistan naît comme une expérience de laïcité. Il est aussi un défi ouvert au monde musulman, qui avait fait l'expérience de la modernité, avec la Tunisie de Bourguiba et la Turquie d'Atatürk, mais pas encore de la démocratie, et auquel Jinnah, puis Bhutto, voudraient donner un nouvel exemple susceptible de devenir le modèle universel d'un Islam moderne et modéré déjà conçu intellectuellement, mais jamais appliqué politiquement.

On a suivi la naissance de cet état, son basculement d'État laïc pour les musulmans vers un état musulman modéré sous Bhutto, jusqu'à la dictature islamiste sous Zia et Maududi. L'héritage de Zia sera un poids très lourd pour le PPP de Benazir, qui cherche à récupérer le projet démocrate de son père mais aussi à exploiter les courants islamiques (et islamistes), comme l'avait fait son père, sans toujours savoir faire la distinction entre les intérêts de l'État et les intérêts du clan Bhutto. Pour Benazir, l'histoire du clan Bhutto est étroitement liée à l'histoire du pays dans lequel, au final, tous ses membres ont vécu, et pour lequel ils ont donné leur vie.

En 2008, la mort de Benazir porte le PPP au pouvoir. Pour la quatrième fois, le destin du Pakistan est dans les mains de la famille Bhutto. Et encore une fois, le défi est énorme pour un gouvernement civil, qui succède à 9 ans de dictature militaire, sans avoir aucune véritable expérience politique et avec un passé de corruption.

La victoire du PPP aux élections de février 2008, les premières élections libres depuis la fondation du Pakistan, signifie la volonté du peuple de ce pays, qui est parmi les plus grands pays musulmans du monde et le seul pays musulman à posséder l'arme atomique, d'accéder à plein titre à la modernité – politique, économique, et surtout sociale – et de prendre une place différente dans l'histoire mondiale que celle qui lui serait accordée par les partisans d'un choc des civilisations.

Le Pakistan pourrait bien devenir la première démocratie musulmane du monde.

LEXIQUE DES PRINCIPAUX SIGLES ET MOTS EMPLOYÉS

AN : Assemblé Nationale

ANP : Awani National Party

Bayt al-hikma : centre culturel fondé à Bagdad au IXème siècle, où furent traduits du grec en arabe les principaux textes de la science antique

Chaféite/chaféisme : école juridique sunnite

Charî'a : loi islamique

Chiisme/Chiite : parti de ceux qui croient qu'Ali devait succéder au Prophète. Une des deux branches principales de l'Islam.

Cipayes : soldats indiens servant dans l'armée de la Compagnie anglaise des Indes orientales. En 1857/58, la révolte des cipayes est le premier acte de la lutte pour l'indépendance des Indes.

Clash/Choc : le terme est utilisé en référence à la théorie du "choc des Civilisations (Clash of civilizations)

Clashiste : partisan de la théorie du clash

COD : Charter of Democracy

Dîn : mot arabe traduit d'habitude par 'religion', signifiant plutôt 'obligation' ou 'loi'

Djahiliyya : âge de l'ignorance avant l'événement de l'Islam

djihad : conflit, guerre

FATA : Federally Administered Tribal Areas, territoires frontaliers entre Pakistan et Afghanistan

FIDH : Fédération Internationale des Droits de l'Homme

Frères Musulmans : confrérie islamiste fondée par Al-Banna en 1928

Gens du Livre : selon le Coran, les fidèles des quatre monothéismes : Judaïsme, Zoroastrisme, Christianisme, Islam.

Hadît / pl. *ahadîth* : l'ensemble des récits traditionnels sur la parole et les actions du Prophète

Hadjdj : le pèlerinage à la Mecque, un des 5 piliers de l'Islam

Hanbalite/hanbalisme : école juridique sunnite

Hanéfite/hanéfisme : école juridique sunnite

Hégire : exil du Prophète de la Mecque à Médine, en 620, an zéro de l'ère musulmane

'ibâdât : actes de culte du rituel musulman

IDA : Alliance de la Démocratie Islamique, mieux connue sous son nom ourdou : *Islami Jamhoori Itihad*

Idjara : notion de finance islamique. Cf. encadré 'La finance islamique', p. 83

Idjma' : accord des savants sur des paroles du Coran, des événements de l'histoire de l'islam, ou leur interprétation. Une des quatre sources *(uSûl)* de la *sunna*

IJI : *Islami Jamhoori Itihad*

ISI : Inter Services Intelligence. Services secrets Pakistanais

Islami Jamhoori Itihad : nom ourdou de l'Alliance de la Démocratie Islamique

Ismaélite/Ismaélisme : école juridique chiite

Istihsân : effort d'interprétation personnelle de la *sunna*

Istisna : notion de finance islamique. Cf. encadré 'La finance islamique', p.83

JI : *Jamaat-e-Islami*

Jamaat-e-Islami : parti islamiste fondé par Maududi, au pouvoir au Pakistan sous Zia

Kalâm : courant théologique de l'Islam, inspiré par la philosophie grecque, qui vise la recherche de principes théologiques à travers la dialectique, IX siècle

Kharidjite : courant minoritaire de l'Islam

Khafîr : infidèle

LM : Ligue Musulmane

LOC : Line of Control, frontière entre le Cachemire indien/ et le pakistanais fixée en 1949 par l'ONU

Malékite/malékisme : école juridique sunnite

Manifesto PPP : programme du PPP pour les élections de février 2008

MI : Military Intelligence

Millat : communauté religieuse et, par extension, Nation

MMA : *Muttahida Majlis-e-Amal*, coalition de 6 partis islamistes aux élections 2002 au Pakistan

Mollah : prêtre chiite

Mohajir : musulmans indiens venus d'Inde au Pakistan au moment de la Partition

MQM : Muttehida Quami Party, parti des *Mohajir* au Pakistan

MRD : Mouvement pour la restitution de la démocratie

Mu'âlamât : obligations sociales d'un musulman

Mudaraba : notion de finance islamique. Cf. encadré 'La finance islamique', p. 83

Mufakkir : infidèle

Musharaka : notion de finance islamique. Cf. encadré 'La finance islamique', p. 83

Mutazilite/mutazilisme : école théologique rationaliste musulmane du VIII siècle

Nahda : Réveil ou Renaissance islamique, mouvement culturel des années 20

NWFP : North-West Frontier Province, Province du Pakistan

NRO : National Reconciliation Ordinance

OCI : Organisation de la Conférence Islamique

PM : Premier Ministre

PML : Parti de la Ligue Musulmane

PML-N : Parti de la Ligue Musulmane section de Nawaz Sharif

PML-Q : Parti de la Ligue Musulmane section de Musharraf

PNA : Alliance Nationale du Pakistan, alliance de 9 partis contre le PPP de Bhutto en 1974

PPP : Pakistan People Party/Parti du Peuple Pakistanais

Qiyâs : démarche par analogie qui permet de légiférer sur des situations non analysées dans la *sunna*

Qurayshites : tribu d'origine de Muhammad

Réconciliacionnistes : selon Benazir Bhutto, ceux qui s'opposent à la théorie du choc des civilisations

Salam sukuk : notion de finance islamique. Cf. encadré 'La finance islamique', p. 83

Salât : la prière rituelle, un des 5 piliers de l'Islam

Sawm : le jeûne du mois de ramadân, un des 5 piliers de l'Islam

Shahada : profession de foi, un des 5 piliers de l'Islam

Sunna : tradition musulmane

Sunnisme/Sunnite : branche majoritaire de l'Islam

Umma : communauté musulmane universelle qui réunit idéalement tous les croyants

Usûl : sources du droit musulman. Il y en a 4 : le Coran, le *hadîth*, le *idjma'*, le *qiyâs*

Wahhabite/wahhabisme : version moderne du hanbalisme et religion d'état de l'Arabie Saoudite

Zakât : la taxe aumônière, un des 5 piliers de l'Islam

BIBLIOGRAPHIE

Ouvrages de Benazir Bhutto

Bhutto B., *Daughter of the East,* Simon and Shuster, London 2007 (First Edition 1988 ; édition américaine : *Daughter of the Destiny,* New York 1988), trad. française : *Fille de l'Orient. 1953-2007 : une vie pour la démocratie. Une autobiographie,* D'Ormesson, Paris 2008.

Eadem, *Reconciliation. Islam, Democracy and the West,* Simon and Shuster, London 2008

Articles et interviews de Benazir Bhutto

Why the World Needs Democracy in Pakistan : Dictatorship Fuels Extremism, in "Christian Science Monitor", 9 décembre 2007

When I Return to Pakistan, "Washington Post", 20 septembre 2007

Destiny's Daughter, "The Times Magazine", 28 avril/2007

The Terror Attack, "The Nation", 25 septembre 2001

I Remain the Single Most Important Political Force in the Country, "The Guardian", 30 janvier 2001

Discours de Benazir Bhutto
(disponibles sur le site du PPP : ppp.org.pk)

Democratization in Pakistan, The Middle East Institute, Washington, DC - 25 septembre 2007

Battle for Democracy Not Easy, Dubai - 3 mai 2007

Ideas Live On Pakistan Community Function, Danemark - 22 avril 2007

Democracy in Muslim World and Pakistan Essential to Avert Dangers, Address at John Hopkins University - USA - 6 février 2007

Avert Clash of Civilizations through Justice and Human Rights, Desert Forum - Indian Wells - California - USA - 24 janvier 2005

Debunks Regime's Claims of Moderation, Address to Pakistanis in New York, New York - 15 janvier 2006

Women Emancipation International, Women Business Conference - Damas, Syrie, 20 mai 2005

Politics of Intolerance Culminates in Extremism, Address on the Annual Healthcare Leadership Forum organized by Siemens Medical Solution Group, Arizona - USA, 4 mai 2005

Denial of Political Rights Undermined Country's Stability, Address at the Harvard University, USA - 1er mai 2005

Pakistan's Political, Financial and Social Sectors Dominated by Military under Dictatorship, Florida, USA - 8 mars 2005

Fanatics Seeking to Bring About Clash of Civilization, Indiana University, USA - 6 novembre 2004

Autocratic Regimes Spending Heavily on Militaries Cannot Fight Poverty, Stresa, Italie - 22 octobre 2004

Musharraf Exploiting War on Terror, Global Institute for Leadership, California - 19 octobre 2004

International Peace and Role of Religion, London - 25 juin 2004

Civil Society and Women's Participation in the Political Process, Rome, Italie - 18 juillet 2003

Democracy And Internationalism : Post Iraq, The World Political Forum, Turin, Italie - 19 mai 2003

Victims of Terrorism US Tour, 16 décembre 2002

Terrorism : The Threat to Asia Political Parties, Conference Bangkok - 22-24 novembre 2002 ; Meeting of Advisory Group of the Eminent Persons Group, London - 16 août 2002

Role of Islam as Guarantor of Women Rights, Séoul - 2 mai 2001

Pakistan's Political Crisis and Human Rights Record - A lecture organized by US Committee for HR - New York, 30 mai 1999

Clash of Civilizations : The Centre for World Dialogue, Chypre - 30 octobre 1997

Islam Forbids Injustice Against People, Nations and Women, Beijing - 4 septembre 1995

Ouvrages sur Benazir Bhutto

Gourret L., *Benazir, l'inverse du voile*, Denoël, Paris 1997

Lafrance P., *Du temps de Benazir Bhutto*, Gnosis, Paris 2008

Raynaul E., *Benazir Bhutto, Jusqu'au bout du destin*, Bertrand, Paris 2008

Weaver M.-A., *La figlia del Pakistan*, I libri di Internazionale, Roma 2008

Ouvrages des et sur les fondateurs/acteurs principaux

Heimann F., *Un juif pour l'Islam*, Bussière, Paris 2005

Iqbâl M., *Message de l'Orient*, trad. et introd. Meyerovitch - Achena, Les Belles Lettres, Paris 1956
Idem, *Recontruction of Religious Thought in Islam*, trad. fr. Maisonneuve, Paris 1955
Idem, *Reconstruire la pensée religieuse de l'Islam*, trad. Meyerovitch, Editions du Rocher, Paris 1996

Maître L.-C., *Introduction à la pensée d'Iqbâl*, Seghers, Paris 1955
Idem, *M. Iqbâl. Présentation et choix de textes*, Seghers, Paris 1964

Musharraf P., *In the line of fire - a memoir*, Pocket Books, London 2006

Autres ouvrages

AA.VV., *Il Vulcano Pakistan*, "Limes", février 2008

Ansari S., *Life after Partition*, Oxford Un. Press, Oxford 2005

Atlas des Religions, Hors série du Monde, Paris 2007

Barbé Ph., *L'anti-choc des civilisations*, L'aube essais, Paris 2006

Bennet Jones O., *Pakistan - eye of the storm*, Yale Un.Press, Yale 2003

Boivin M., *Le Pakistan*, Presses universitaires de France, Paris 1996.

Colas A., Saull R. (dir), *The War on Terrorism and the American Empire after the Cold War*, Routledge, New York 2006

Campanini M., *Il pensiero islamico contemporaneo*, il Mulino, Bologna 2005

Capezzone L., Salati M., *L'Islam Sciita*, Edizioni Lavoro, Roma 2006

Chakrabarty D., Majumdar R., Sartori A., *From the Colonial to the Post Colonial. India and Pakistan*, Oxford Un.Press, Oxford 2007

Charaffedine F., *Culture et idéologie dans le Monde arabe*, L'Harmattan, Paris 1994

Cohen S. P., *The Idea of Pakistan*, Bookings Institution Press, Washington 2006

Debray R., *Un mythe contemporain : le dialogue des civilisations*, CNRS éd., Paris 2007

Finley M. I., *Démocratie antique et démocratie moderne*, Payot, Paris 1990

Fortiyfying Pakistan - the Role of U.S. Internal Security Assistance, US Institut of Peace Press, Washington 2006

Fukuyama F., *The End of History and the Last Man*, Maxwell Mac Millan, New York 1992

Gaborieau M., *Un autre Islam - Inde, Pakistan, Bangladesh*, Albin Michel, Paris 2007

Garcin Th., *Les grandes Questions Internationales depuis la chute du mur de Berlin*, Economica, Paris 2001

Giordana E. , *Afghanistan - Il crocevia della guerra alle porte dell'Asia*, Editori Riuniti, Roma 2007

Gutas D., *Greek Thought, Arabic Culture*, Routledge, London - New York 1998

Huntington S. P., *Le Choc des civilisations*, Odile Jacob, Paris 2007 (première éd. 1996)

Hussain J., *A History of the Peoples of Pakistan : Towards Independence*, Oxford University press, Karachi 1997.

Hussain Z., *Frontline Pakistan. The Path to Catastrophe and the Killing of Benazir Bhutto*, Tauris ed., London 2008

Jaffrerot Ch. (dir.), *Le Pakistan*, Fayard, Paris 2000
Idem, *Le Pakistan, carrefour de tensions régionales*, Ed. Complexes, Paris 2002

Lacoste Y., *Géopolitique*, Larousse, Paris 2006

Lewis B., *What went wrong. Western Impact and Middle East Response*, Oxford University Press, New York 2002

Mahdi M., *La Cité vertueuse d'Alfarabi. La Fondation de la philosophie politique en Islam*, éd. de l'IMA, Paris 1996

Matringe D., *Islam en débat. Un Islam non arabe : horizons indiens et pakistanais*, Tétraède, Paris 2005.

Mérad A., *L'islam Contemporain*, «Que sais-je?», PUF, Paris 2005

Muqtedar Khan M. A. (ed.), *Debating Moderate Islam. The Geopolitics of Islam and the West*, Uv. Utah Press, Salt Lake city 2007

Naipaul V. S., *Jusqu'au bout de la foi*, Firmin-Didot, Paris 2003.

Pascal P. (dir.), *L'Année stratégique 2007*, Dalloz, Paris 2007 ; *L'Année stratégique 2008*, Dalloz, Paris 2008

Raufer X. (dir.), *Atlas de l'islam radical*, CNRS éditions, Paris 2007

Roy O., *Généalogie de l'Islamisme*, Hachette, Paris 2005

Said E., *Orientalisme*, Paris 2003

Searching for Common Ground in South Asia, A Report of CPAS-SIPSIR 2003

Sen A., *Identity and Violence : the Illusion of Destiny*, Norton, New York 2006

Sharma S. K.(études réunies par), *The Emergence of India and Pakistan*, Pentagon Press, New Delhi 2007

Talbot I., *Provincial Politics and the Pakistan Movement*, Oxford University Press, Karachi 1988
Idem, *India and Pakistan*, Oxford Un. Press, London - New York 2000.

Todorov T., *Le nouveau désordre mondial*, Paperback, Paris 2005

Torri M. (a cura di), *Il Grande Medio Oriente nell'era dell'egemonia americana*, Mondadori, Milano 2006

Wright L., *La guerre cachée*, Laffont, Paris 2007

Ziring L., *Pakistan - at the Crosscurrent of History*, Oneword Oxford, Oxford 2005

Autres articles

Akbar Zaidi S., *An Emerging Civil Society?*, "Journal of Democracy", 19 avril 008, p. 38-40

Aqil Shah, *Praetorianism and Terrorism*, "Journal of Democracy", 19 avril 2008, p. 16-25

Balty Guesdon M.-G., *Le bayt al-hikma de Bagdad*, "Arabica", XXXIX (1992), p. 131-150

Di Martino C., *L'autre Pakistan : le projet démocratique du Parti du Peuple, Enjeux Diplomatiques et stratégiques* 2008, CEDS éd, Paris 2009, p. 128-138

Dombrowsky P., *Les périphéries instables de l'Asie médiane*, dans *Enjeux diplomatiques et stratégiques*, 2006, p. 198-207

Dufour J.-L., *Irak et Afghanistan, les deux lièvres*, dans *Enjeux diplomatiques et stratégiques* 2006, CEDS éd., Paris 2007, p. 191-197

Lamballe A., *Le Pakistan, Pays perturbé et perturbateur*, dans *Enjeux diplomatiques et stratégiques*, 2005, CEDS éd, Paris 2006, p. 286-301

Idem, *La montée des nationalismes en Asie du Sud*, dans *Enjeux diplomatiques et stratégiques*, 2006, CEDS éd., Paris 2007, p. 227-236

Idem, *Iran, Pakistan, Afghanistan : un triangle conflictuel*, dans *Enjeux diplomatiques et stratégiques*, 2007, CEDS éd., Paris 2008, p. 116-124

Nohra F., *Une représentation négative de l'interculturalité : la théorie du choc des civilisations*, dans Messahel S., *Frontières de l'interculturalité*, Presses universitaires du septentrion, Lille 2009

Idem, *Les formes et usages de l'argent dans l'Islam*, Actes du Colloque International de l'Université de Lille3 : *Les Figures de l'Argent*, à paraître.

Zarafullah K., Joseph B., *The Media Take Center Stage*, "Journal of Democracy", 19 avril 2008, p. 32-37

Sites Internet

www.ppp.org.pk
(site officiel du Pakistan People Party)

www.fidh.org/IMG/pdf/Pakistan514fr2008.pdf
(Rapport 2008 de la Fédération Internationale des Droits de l'Homme sur le Pakistan)

www.globalpolitician.com/24170-pakistan
(communiqués de presse quotidiens sur l'actualité politique du sous-continent indien)

http://portal.unesco.org/geography/en/ev.php-URL_ID=2418&URL_DO=DO_TOPIC&URL_SECTION=201.html
(site UNESCO sur le Pakistan)

http://www.un.org/french/apps/pressreleases/
(communiqués de presse de l'ONU)

Articles en ligne

Baixas L., « La famille Bhutto ou les *martyrs de la démocratie au Pakistan* »
http://echogeo.revues.org/index2663.html

Lewis B., « The roots of Muslim Rage », The Atlantic-online, www.travelbrochuregraphics.com/extra/roots_of_muslim_rage.htm

Said E., *The clash of ignorance*, « The Nation », octobre 2001
http://www.thenation.com/doc/20011022/said

http://temi.repubblica.it/limes/
(site de la revue de géopolitique *Limes*. La situation du Pakistan est mise à jour et commentée régulièrement par la rédaction de Limes)

http://limes.espresso.repubblica.it/index778b.html?p=477
(suite en ligne du numéro spécial sur le Pakistan : « Vulcano Pakistan », février 2008)

Vidéos/photos

Benazir Bhutto. L'espoir d'un peuple, 51min58 sec, Documentaire de Roshanara Arkund – Rémi Dantec, Studio K 1989

Portraits de Benazir Bhutto, Recueil, 1980-1990, BNF site Richelieu, catalogue.bnf.fr/ark:/12148/cb40503127c/PUBLIC

http://www.youtube.com/watch?v=UnychOXj9Tg&hl=it
(Déclaration de Benazir Bhutto sur Osama Ben Laden)

http://www.dailymotion.com/relevance/search/Bhutto/video/x3xqzn_assassinat-de-benazir-bhutto_news
(vidéo assassinat de Benazir Bhutto, 27-12-2007)

http://video.google.com/videoplay?docid=-2196139798714371942&ei=soigSdDZNIjojgKLvbyxDg&q=benazir+bhutto&hl=it
(spécial sur le meurtre de Benazir Bhutto)

http://video.google.com/videoplay?docid=528802108685897243&ei=IomgSc7DH4L8igKjzfX9DA&q=benazir+bhutto&hl=it

(spécial FROST 2007. Entretien avec Benazir Bhutto)

http://video.google.com/videoplay?docid=8242958327733157511&ei=oYigSanFGYeGjAL3iJgp&q=benazir+bhutto&hl=it
(dernière interview de Benazir Bhutto)

ANNEXE

GIOVANNI BOCCACCIO, *ABRAAM GIUDEO* (DECAMERONE, I,3)

Le juif Abraham, poussé par Jeannot de Chevigné, va à la cour de Rome, et voyant la dépravation des gens d'église, il retourna à Paris et se fait chrétien[187].

Il fut autrefois dans Paris un grand marchand, bon homme, lequel fut appelé Jeannot de Chevigné, très loyal et très droit, et qui faisait un grand commerce de draperie. Il était particulièrement lié d'amitié avec un juif très riche, nommé Abraham, qui était aussi marchand, et, comme lui, très droit et très loyal. Jeannot, voyant la droiture et la loyauté de son ami, se mit à regretter vivement que l'âme d'un homme si bon, si sage et d'une telle valeur, fût en voie de perdition par manque de Foi. C'est pourquoi il entreprit amicalement de lui faire abandonner les erreurs de la croyance judaïque, et le supplia de se convertir à la religion chrétienne qu'il pouvait voir, étant sainte et bonne, prospérer et augmenter sans cesse, tandis qu'au contraire la sienne diminuait et se mourait, ainsi que cela était manifeste. Le juif répondit qu'il ne voyait aucune religion sainte et bonne hors la religion juive ; qu'il y était né et qu'il entendait y vivre et y mourir. Jeannot ne se tint point pour cela de lui renouveler au bout de quelque temps les mêmes exhortations, lui démontrant, aussi grossièrement que les marchands savent le faire, pour quelles raisons notre religion est meilleure que la religion juive.

« Bien que le juif fût un grand maître dans la loi juive, néanmoins, soit que la grande amitié qu'il avait pour Jeannot l'ébranlât, soit que les paroles que l'Esprit Saint plaçait sur la langue de l'homme simple eussent produit de l'effet, il commença à se plaire beaucoup aux démonstrations de Jeannot. Cependant, obstiné dans sa croyance, il ne se laissait pas convertir. De même qu'il se montrait tenace, de même Jeannot ne se lassait pas de le solliciter, à tel point que le juif, vaincu par une telle insistance, dit : « – Voici, Jeannot, qu'il te plaît que je devienne chrétien, et je suis disposé à le devenir, à la condition que j'irai d'abord à Rome, et que là je verrai celui que tu dis être le vicaire de Dieu sur la terre, et que je serai témoin de ses mœurs et de ses actes, ainsi que de ceux de ses moines cardinaux, Et s'ils me paraissent tels que je puisse, grâce à tes paroles et à eux, comprendre que votre foi est

---

[187] Traduction française de Francisque Reynard, 1879.

meilleure que la mienne, comme tu t'es efforcé de me le démontrer, je ferai ce que je t'ai dit. Dans le cas contraire, je resterai juif, comme je suis. – »

« Quand Jeannot entendit cela, il fut chagrin outre mesure, se disant tout bas : « – J'ai perdu ma peine ; je croyais cependant l'avoir utilement employée en m'imaginant avoir converti celui-ci. En effet, s'il va à la cour de Rome, et s'il voit la vie scélérate et mauvaise des clercs, non seulement de juif il ne se fera pas chrétien, mais s'il était chrétien, sans aucun doute il se ferait juif. – » En s'étant retourné vers Abraham, il dit : « – Eh ! Mon ami, pourquoi veux-tu affronter une telle fatigue et une telle dépense que d'aller d'ici à Rome ? Sans compter que par mer ou par terre, pour un homme riche comme tu l'es, tout est plein de périls. Ne crois-tu donc pas trouver ici quelqu'un qui puisse te donner le baptême ? Et si par hasard tu as quelques doutes au sujet de la Foi que je t'ai expliquée, où trouveras-tu de meilleurs maîtres, de plus savants hommes que ceux qui sont ici, pour t'éclairer sur ce que tu voudras ou demanderas ? C'est pourquoi, à mon avis, ce voyage est chose superflue. Imagine-toi que là-bas les prélats sont comme tu as pu les voir ici, et qu'ils sont d'autant meilleurs, qu'ils sont plus près du Pasteur souverain. Pour ce, si tu m'en crois, tu remettras cette fatigue à une autre fois, à l'occasion de quelque jubilé, où, par aventure, je t'accompagnerai. – » À quoi le juif répondit : « – Je crois Jeannot, que les choses sont comme tu me dis ; mais, me résumant en un mot, si tu veux que je fasse ce dont tu m'as tant prié, je suis tout à fait résolu à aller à Rome ; autrement, je n'en ferai jamais rien. – « Jeannot voyant sa résolution, dit : – Va donc à la bonne aventure ! – » Et, à part lui, il pensait qu'il ne se ferait jamais Chrétien, quand il aurait vu la cour de Rome ; mais pourtant, n'y pouvant plus rien, il n'insista pas.

« Le juif monta à cheval, et le plus rapidement qu'il put, il alla à la cour de Rome, où, étant arrivé, il fut honorablement reçu par ses coreligionnaires juifs. Il y demeura sans dire à personne pourquoi il était venu, et se mit à observer avec soin la façon de vivre du Pape, des cardinaux, des autres prélats et de tous les courtisans. Et tant par ce dont il s'aperçut lui-même, en homme fort avisé qu'il était, que par ce qu'il sut d'autrui, il trouva que, du plus grand au plus petit, tous péchaient généralement par une luxure déshonnête, non seulement d'une manière naturelle, mais encore à la mode de

Sodome, sans aucun frein de remords ou de vergogne, tellement que, pour obtenir les plus grandes faveurs, la protection des courtisanes ou des jeunes garçons était toute-puissante. En outre, il reconnut qu'ils étaient universellement gloutons, buveurs, ivrognes, serviteurs de leur ventre, à l'instar des brutes, plus que de toute autre chose. Et, regardant plus avant, il les vit tous avares, si cupides d'argent qu'ils vendaient et achetaient à beaux derniers le sang humain, même chrétien, et les choses divines quelles qu'elles fussent, appartenant aux sacrifices et aux bénéfices, les transformant en marchandises pour lesquelles il y avait plus de courtiers qu'il y en avait à Paris pour les draperies ou autres choses. À la simonie la plus évidente, ils avaient donné le nom de procuratie, et à la gloutonnerie celui de sustentation, comme si Dieu ne connaissait pas, je ne dirai point la signification des mots, mais les intentions des esprits pervers, et se laissait, à la façon des hommes, tromper par le nom des choses. Tout cela, et bien d'autres choses encore qu'il faut taire, déplut souverainement au juif, comme à un homme sobre et modeste qu'il était, et pensant en avoir assez vu, il se décida à retourner à Paris ; ce qu'il fit.

« Dès que Jeannot sut qu'il était revenu, il accourut, n'ayant pas le moindre espoir de le voir devenir chrétien, et ils se firent l'un à l'autre grande fête. Puis, lorsque le juif se fut reposé quelques jours Jeannot lui demanda ce qu'il pensait du Saint-Père, des cardinaux et des autres courtisans. À quoi le juif répondit sans hésiter : « – Je pense que Dieu doit les punir tous tant qu'ils sont. Et je te dis, si j'ai su bien regarder, que je n'y ai vu ni sainteté, ni dévotion, ni bonnes œuvres, ni bon exemple. Par contre, l'avarice et la gloutonnerie et choses semblables ou pires, si toutefois il peut en être de pires, m'ont paru tellement dans les mœurs de tous, que j'ai pris ce lieu plutôt pour une officine d'œuvres diaboliques que d'œuvres divines. Aussi, après y avoir réfléchi avec beaucoup de sollicitude, en toute liberté d'esprit, et avec prudence, il me paraît que votre Pasteur, et par conséquent tous les autres, s'efforcent de réduire à néant et de chasser du monde la religion chrétienne, alors qu'ils devraient en être le fondement et le soutien. Et pour ce que je vois qu'il en résulte le contraire de ce qu'ils semblent chercher, c'est-à-dire que votre religion s'étend sans cesse et devient plus florissante et plus éclatante, il me paraît clairement que l'Esprit Saint en est le soutien et le fondement, comme étant plus vraie et plus sainte que les autres. Pour quoi, là où je restais sensible et rebelle à tes exhortations et refusais de me faire chrétien, je te dis maintenant très sincèrement que, pour rien au monde, je n'abandonnerais l'idée de me faire chrétien. Allons donc à l'église, et là, suivant le rite de votre sainte Foi, je me ferai baptiser. – » Jeannot, qui s'attendait à une conclusion toute contraire, en l'entendant parler ainsi, fut l'homme le plus content qui fût jamais. Étant allé avec lui à Notre-Dame de Paris, il requit les clercs de cette église de donner le baptême à Abraham. Ceux-ci, voyant que ce dernier le demandait aussi, le firent aussitôt, et Jeannot le tint sur les fonts baptismaux et le nomma Jean. Puis il le fit complètement instruire par de savants hommes dans notre Foi qu'il apprit rapidement ; et depuis il fut un bon et digne homme, et de sainte vie.

TABLE DES MATIERES

REMERCIEMENTS..9

PREFACE...11

AVANT PROPOS 19

INTRODUCTION. 25

PARTIE I
ISLAM ET POLITIQUE 29

1. Courte histoire doctrinale de l'Islam 31
2. L'autre Islam d'Asie 45
3. La Renaissance islamique et le débat sur la modernité 51

PARTIE II
LA REPUBLIQUE ISLAMIQUE DU PAKISTAN : LA DIFFICILE
CONSTRUCTION D'UNE IDENTITE NATIONALE................................57

4. Le réveil musulman en Asie : Ali Jinnah et Muhammad Iqbal..59
5. Le drame de la Partition : Islam et identité 65
6. Maududi, Zia et l'islamisation du Pakistan 77

ENCADRE : LA FINANCE ISLAMIQUE 83

PARTIE III
PENSEE ET ACTION POLITIQUE DE BENAZIR BHUTTO 85

7. La *Fille du Destin* 87
8. Choc et dialogue des civilisations 97
9. Islam, modernité et démocratie 105

EPILOGUE 123

CONCLUSION 127

LEXIQUE 129

BIBLIOGRAPHIE 135

ANNEXE : GIOVANNI BOCCACCIO, *ABRAAM GIUDEO*, (DECAMERONE, I,3) 147

L'HARMATTAN, ITALIA
Via Degli Artisti 15 ; 10124 Torino

L'HARMATTAN HONGRIE
Könyvesbolt ; Kossuth L. u. 14-16
1053 Budapest

L'HARMATTAN BURKINA FASO
Rue 15.167 Route du Pô Patte d'oie
12 BP 226 Ouagadougou 12
(00226) 76 59 79 86

ESPACE L'HARMATTAN KINSHASA
Faculté des Sciences Sociales,
Politiques et Administratives
BP243, KIN XI ; Université de Kinshasa

L'HARMATTAN GUINEE
Almamya Rue KA 028 en face du restaurant le cèdre
OKB agency BP 3470 Conakry
(00224) 60 20 85 08
harmattanguinee@yahoo.fr

L'HARMATTAN COTE D'IVOIRE
M. Etien N'dah Ahmon
Résidence Karl / cité des arts
Abidjan-Cocody 03 BP 1588 Abidjan 03
(00225) 05 77 87 31

L'HARMATTAN MAURITANIE
Espace El Kettab du livre francophone
N° 472 avenue Palais des Congrès
BP 316 Nouakchott
(00222) 63 25 980

L'HARMATTAN CAMEROUN
Immeuble Olympia face à la Camair
BP 11486 Yaoundé
(00237) 99 76 61 66
harmattancam@yahoo.fr

L'HARMATTAN SENEGAL
« Villa Rose », rue de Diourbel X G, Point E
BP 45034 Dakar FANN
(00221) 33 825 98 58 / 77 242 25 08
senharmattan@gmail.com